M.K.
천국을 심다

이 도서의 국립중앙도서관 출판예정도서목록(CIP)은
서지정보유통지원시스템 홈페이지(http://seoji.nl.go.kr)와
국가자료공동목록시스템(http://www.nl.go.kr/kolisnet)에서
이용하실 수 있습니다.
(CIP제어번호 : CIP2018018804)

M.K. 천국을 심다

초판 발행 / 2018년 8월 1일 초판 1쇄
지은이 / 허수성 허은

발행처 / (주)야킨 YKBooks
발행인 / 정아름
편집·디자인 / 장윤석
캘리그라피 / 오수연
삽화 / 이혜정

출판등록 / 2017년 12월 20일 제25100-2017-000085호
주소 / 서울특별시 서대문구 연희맛로 38
전화 / 02-323-0909
이메일 / ykbooks@naver.com

ISBN / 979-11-964126-2-3 03230
printed in Korea(Pandacom Inc.)
저작권ⓒ2018 허수성 허은
copyrightⓒ2018 by Soosung Her, Ellen Eun Her

* 가격은 뒤표지에 있습니다. 잘못된 책은 구입하신 곳에서 바꾸어 드립니다.
* YKBooks는 (주)야킨의 단행본 출판 브랜드입니다.
* 신 저작권법에 의해 한국 내에서 보호를 받는 저작물이므로 무단전제와 복제를 금합니다.

M.K.
천국을 심다

허수성　허은

이젠 우리 곁에 없지만,

이 땅에 천국의 씨앗으로 남겨진

사랑하는 막내딸 허은을 기억하며

이 글을 남깁니다.

추천의 글

　모든 사람이 직면하는 가장 큰 문제와 슬픔은 죽음과 이별이라고 볼 때, 사람이 하나님의 사랑을 알아 자신의 죄를 회개하고 예수님을 믿음으로써 하나님의 자녀로 회복되고 하나님의 뜻대로 선하게 가족과 이웃을 섬기다가 영원한 천국에 가는 믿음의 길이 있다는 성경의 약속은 모든 사람을 향한 가장 기쁜 소식이라고 믿습니다.

　신약 성경에서 사도 바울은 '내가 그리스도 안에 있는 한 사람을 아노니 그는 십사 년 전에 셋째 하늘에 이끌려 간자라 …… 그가 낙원으로 이끌려 가서 말로 표현할 수 없는 말을 들었으니 사람이 가히 이르지 못할 말이로다(고린도후서 12:2-4)'라고 천국을 방문한 기록을 남기고 있습니다.

　허은이는 위의 말씀과 같이 9세 때에 천국과 지옥을 방문하였고, 아빠와 엄마와 함께 살기 좋은 미국을 떠나 태국에 선교사 자녀로 와서 꽃다운 나이에 주님의 큰 섭리 중에 태국에서 주 예수님의 부르심을 받아서 천국에 갔는데 이는 은이를 태국 선교를 위한 순교자로 부르신 것이라고 저는 믿습니다.

　제가 1990년 초부터 제자선교회 D.C.F. 활동을 통해서 만나고 교제하는 신실한 허수성 선교사님 부부의 사랑하는 딸 은이의 천국과 지옥 방문 경험담은 성경말씀과 일치하는 부분이 매우 많다고 생각되며, 향후 허은 교육재단과 헌신하는 분들의 수고를 통해서 한국의 배재학당과 연세대와 이화여대와 같이 태국의 어린이와 청소년들이 예수님을 믿는 훌륭한 지도자로 성장하도록 교육하는 미션 스쿨이 태국에 설립되기를 기대합니다.

　주 예수님께서 깊이 사랑하시는 허은의 천국과 지옥 방문을 기록한 이 책을 읽는 모든 분들이 한 분도 빠짐없이 예수님의 사랑을 알고 믿어서 천국에서 뵙기를 간절히 기원하며 모든 분께 일독을 권해드립니다.

제자선교회 간사
서울 강일중학교 교감
강수환

우리의 최종 삶은 하나님나라임에도 불구하고 성경을 읽어보면 의외로 하나님나라에 대한 묘사가 적다는 사실을 발견할 수 있습니다. 여러 가지 이유가 있겠지만 아마도 우리의 이해력을 뛰어넘는 부분이 많기 때문이라고 생각합니다. 그러나 분명한 것은 우리가 하나님 나라를 소망하면서 살아야 한다는 것이고, 그런 의미에서 이 책은 우리의 소망을 더욱 견고하게 하는데 도움이 될 것이라고 생각합니다.

기존에 출판된 다른 책들이 있지만 본인이 그러했듯이 여러분들도 이 책을 읽으면서 다른 차원의 감동과 영감을 받을 것이라고 확신합니다.

법률법인 좋은 변호사
윤여준

신학교를 졸업하고 난 뒤 거의 20여년 만에 친구를 만났습니다. 그는 그의 오랜 소망이었던 선교사로서의 삶을 출발하고 있었습니다. 그때 처음 은이를 보았습니다. 밝고 예쁜, 무엇보다도 환하게 웃던 은이를 저는 기억합니다. 그리고 얼마 지나지 않아 주님은 천국의 씨앗으로 그의 사랑하는 딸을 데려가셨습니다. 그 딸의 짧은 인생이 태국뿐만 아니라 이 어린 영혼을 아는 모든 이들에게 또 다른 천국의 씨앗이 되기를 소망합니다. 그리고 사랑하는 친구 허수성 선교사 가정의 눈물과 헌신에 경의를 표하며, 이 일이 우리 모두에게 부활의 소망으로 이어지길 소망합니다.

대한예수교 장로회 부산행복한교회 담임목사
김성철

허은을 사랑하시는 하나님, 특별한 체험을 통해서 그를 사랑하시는 마음을 보여주신 예수님, 그리고 사랑하는 은이를 천국에 갑자기 보낸 주변 사람들의 안타까운 마음, 그녀가 남기고 간 인생을 의미 있게 만들기 위해 노력하시는 그 부모님의 이야기를 읽으면서 우리 인생을 존귀하게 만드시는 주님의 사랑을 깊이 느낍니다.

'나는 더 좋은 사람이 될 거야. 나는 오직 하나님만을 신뢰할 거야'

은이가 마지막 남긴 말이 우리들의 삶의 방향을 인도해 줍니다.

WEC Thailand 대표
하홍종 선교사

허수성 선교사는 죽마고우입니다. 우리는 불신가정에서 핍박을 받으며 함께 믿음을 지켰습니다. 집에서 쫓겨나면 교회 지하실에 모여 밤을 지새우며 함께 기도하고 축복했습니다. 그 친구가 목사로, 선교사로 헌신하였습니다. 그런데 허선교사의 사랑하는 딸, 허은의 순교 소식을 듣고 마치 내 딸이 그렇게 된 것처럼 슬펐습니다. 그러나 이 책을 통해 이 모든 일이 태국 땅을 사랑하신 하나님의 거룩한 계획인 것을 깨닫고 얼마나 위로가 되었는지 모릅니다. 지난 50년간 허선교사를 광야에서 샤론의 장미로 키워내신 하나님께서 이제 그 거룩한 일을 계획하신대로 이루어 나가시길 간절히 기도합니다. 독자 여러분에게 태국 선교 역사의 귀중한 이정표가 될 이 책을 기쁜 마음으로 추천하는 바입니다.

고신대학 의과대학 교수
박대진

올해 초에 태국을 방문하여 사랑하는 허수성 & 허인영 선교사 가족과 교제하며 선교지를 둘러보고 말씀도 나누는 귀한 시간을 가졌습니다. 일주일 만에 그렇게 사랑스럽고 명랑했던 은이가 세상을 떠났다는 소식을 듣고 충격과 비통함을 가눌 길이 없었습니다. 은이를 잃은 상실감이 저희 부부에게도 너무나 큰 슬픔이 되었고, 선교사님 가족의 아픔을 조금이나마 이해하게 되었습니다. 부활이요 생명이신 주님께서 다시 오실 때 은이도 데리고 오실 것이라는 사실이 큰 위로와 소망이 되었습니다. 한 가지 아쉬웠던 점은 언젠가 들을 기회가 있겠지 생각하고 태국에 갔을 때 은이가 봤다는 천국 간증을 듣지 못하고 온 것이었습니다. 이제 그 내용을 글로 나눈다는 소식을 듣고 참 기뻤고 감사했습니다.

많은 사람들이 이 글을 읽고 안개같이 손에 잡히지 않는 천국에 대한 막연한 생각이 좀 더 실제적이고 구체적으로 다가와서 천국에 대한 강한 바람과 기대를 갖게 되어 눈에 보이는 이 땅만이 아닌 위의 것을 찾게 되길 소원합니다.

특히 좋은 학교 진학과 좋은 직장 갖는 것만을 인생의 최고 목표로 삼고 이 땅에만 초점을 맞추고 살아가는 청소년들에게 널리 읽히어 같은 또래의 친구가 경험했던 천국 이야기를 통해 우리의 사랑하는 자녀들이 아래로만 향한 눈길을 위로 올려보는 귀한 계기가 되길 또한 기대해 봅니다.

DCF-USA Director
Joy & Joshua Kang

감사의 글

　고국을 멀리 떠나 잃어버린 영혼을 구하고자 하는 순수한 열정 하나로 태국 땅에서 수많은 해를 사역하고 있는 사랑하는 WEC Thailand 선교사들께 존경과 경의를 표합니다. 이 글이 나오기까지 귀한 조언과 수고를 아끼지 않은 사랑하는 친구들과, 함께 마음을 나누어 준 제자선교회의 동역자들, 그리고 귀한 섬김을 베푸신 최원장님께 진심으로 감사드립니다. 미국과 한국에서 지속적인 중보기도와 사랑의 수고를 통해 함께 천국의 확장에 참여하고 있는 존귀하고 소중한 동역자 한 분 한 분의 귀한 섬김에도 감사를 드립니다. 더불어 늘 곁에서 함께하는 아내 인영과 딸 린에게 사랑한다고 전합니다. 아울러 은이와 함께 다시 만날 날을 고대하며 영원히 우리 곁에서 우리를 돌보고 계신 사랑하는 주님께 모든 영광을 돌려드립니다.

2018년 6월 태국에서
허수성

차 례

추천의 글   6
감사의 글   13

프롤로그   18
    홈스쿨링   18
    선교사로 태국에 오다   22

part 1 천국에 들어가다   25
    1. 천국 문으로 인도되다   26
    2. 하나님과 예수님을 만나다   37
    3. 죄를 용서하시다   42
    4. 아담을 만나다   50
    5. 나의 집을 방문하다   63
    6. 책장에 책들이 꽂혀있다   73
    7. 예수님과 함께 식사하다   81
    8. 천국에서 예배하다   84

part 2 지옥에 들어가다   89
    1. 지옥은 불만 계속 타오르고 있다   90
    2. 불균형한 귀신들   95
    3. 고통스럽게 고문을 당하다   98
    4. 지옥, 아무런 소망이 없다   101

part 3	다시 돌아오다	107
	1. 다른 시간	108
	2. 너의 선택이란다	113
	3. 한없이 울다	120
	4. 예수님을 위해 살다	123

part 4	천국의 씨앗으로 심다	129
	1. 갑작스레 부르시다	130
	2. 부활의 소망을 가지라	140
	3. 천국의 씨앗으로 삼다	146
	4. 만약에... What if...	154
	5. 씨앗이 열매 맺기 시작하다	158
	6. 마지막 글을 남기다	179
	7. 작별을 고하다	182
	8. 다시 너를 보기까지	204

에필로그	207
저자소개	213

M.K.
천국을 심다

프롤로그

홈스쿨링 Home-schooling

"아빠! 하나님은 너무나도 깨끗하신 분이신 것 같아요. 왜냐하면, 하나님에게는 빛만 있잖아요(요일1:5). 그분에게는 빛만 있으니깐 그분 곁에는 조그마한 어두움이나 더러운 것은 아무것도 있을 수가 없어요. 그런데 사람들은 하나님보다 작으면서 그 마음에는 온갖 나쁘고 더러운 것들이 가득 하잖아요. 빛이신 하나님이 보시기에 우리는 너무나도 더러운 사람들인 것 같아요. 그렇기에 우리는 죄를 지을 때마다 날마다 하나님께 회개하는 기도를 해야 될 것 같아요. 그래야 하나님의 빛이 우리에게 점점 더 크게 다가올 수 있어요."

며칠이 안 되어 은이는 또 이런 이야기를 했습니다.

"아빠! 천국에는 정말 빛밖에 없어요. 천국의 모든 곳에는 온통 빛으로만 가득 차 있어요. 하나님에게는 정말 너무나도 밝은 빛만이 가득해서 어두움이 있을 곳이 없어요. 하나님으로부터는 계속해서 빛만 나와요. 그런데 하나님에게서 나오는 빛은 정말 너무나도 밝아서 그 빛이 사람들을 다 깨끗하게 만들어요."

불과 열 한 살밖에 되지 않은 아이의 입에서 이렇게 신비롭고 놀라운 말들이 마치 폭포수처럼 쏟아져 나왔을 때, 처음에는 '이 아이가 뭔가 이상한 영화를 많이 보았나?' 또는 '생각이 이상하게 잘못되었나?' 하는 마음이 문득 들었습니다. 하지만 계속해서 이야기를 듣는 중에 아이가 내뱉고 있는 많은 말들이 자신이 지어낸 것이 아니라 직접 체험한 그 무엇인가를 나누고 있고, 그것을 마치 어제 일어난 일처럼 생생하게 기억하며, 그 기억을 바탕으로 아빠인 저에게 말하고 있음을 알았습니다. 오히려 아이가 내뱉고 있는 많은 말들이 그 나이 또래 아이들의 상식이나 지적인 능력으로는 도저히 지어낼 수도 없는 너무나도 사실적인 것들이었기 때문에, 아빠인 저로서도 처음에는 반신반의할 수밖에 없었습니다.

많은 십 대의 또래 친구들이 그러하듯 평소에 성경 읽는 것을 그리 즐겨하지 않던 아이가, 더군다나 불과 열한 살밖에 되지 않은 어린아이가 천국과 지옥의 모습들을 생생하게 그려내고, 구체적이면서 사실적으로 묘사하는 내용을 듣고 난 후, 내 손으로 성경을 열어서 비교해 보고 나서야 비로소 이 아이의 입술을 통해서 흘러나오는 천국과 지옥에 대한 자세하고 구체적인 내용이 그냥 아빠를 즐겁게 하려고 꾸며 내거나 지어낸 허무맹랑한 이야기들이 아니라 바로 자신이 직접 생생하게 보고 듣고 경험한 사실들임을 깨닫게 되었습니다.

은이는 지금 자기를 그렇게 여러 번 꼭 껴안아 주셨던 사랑하는 주님과 함께 있습니다. 은이가 그렇게도 다시 돌아가고자 했던 본향인 천국에 머무르고 있습니다. 은이는 흔히 말하는 선교사 자녀Missionary Kid입니다. 미국에서 시작한 이 세상에서의 13년이라는 짧은 여행을 태국에서 갑자기 마친 후, 은이의 육신은 아빠와 엄마가 사역하고 있는 태국 중북부의 한 작은 도시인 딱Tak 지역에 평온히 잠들어 있습니다.

사실 은이가 아빠, 엄마, 그리고 언니와 함께 뉴욕에 살던 당시에는 이런 천국에 대한 간증을 단 한 번도 가족과 나누지 않았습니다. 그렇기에 자연히 가족 중 누구도 은이가 아홉 살의 나이에 천국과 지옥을 다녀왔다는 것을 전혀 알지 못했습니다. 그러던 몇 해 전, 하나님의 이끄심으로 온 가족이 태국에 선교사로 온 후에, 많은 선교사 자녀들이 그러하듯 은이도 부모의 사역지인 태국 딱Tak 지역 주변에서는 다니기에 적당한 학교를 찾을 수가 없었습니다. 그래서 매일 집에서 혼자 홈스쿨링을 할 수밖에 없었습니다.

    은이는 매일 아침 홈스쿨링 교재로 공부를 하기 전에, 먼저 아빠와 함께 성경을 읽고 그 말씀을 토대로 잠깐의 묵상을 하고 난 후, 깨달은 내용을 서로 나누는 시간을 가졌습니다. 그렇게 성경 말씀을 묵상하고 나누는 시간에 은이는 어렸을 때 뉴욕의 한 교회 수련회 중에 경험한 천국과 지옥의 모습을 아빠와 엄마에게 말해 주었습니다. 은이가 떠난 지금, 그녀의 생생한 간증의 기억을 여러분과 함께 나누고자 이 글을 씁니다.

선교사로 태국에 오다

은이는 미국 동부의 뉴욕에서 태어났습니다. 온 가족이 태국으로 오기 전까지 대부분의 시간을 뉴욕에서 보내며 자랐습니다. 가족 전체가 일찍 미국으로 이민을 가게 되었고 이미 그곳에 오래전에 와 계시던 외가댁의 할아버지 할머니 그리고 삼촌 가족들과 함께 즐거운 시간과 아름답고 기억에 남을 만한 많은 추억들을 차곡차곡 쌓아가며 그곳에서 유년기를 보냈습니다. 한국에서도 목회를 한 은이의 아빠 엄마는 이민 후에도 뉴욕에서 목회를 이어갔습니다.

청년의 때에 일찍이 선교에 대한 비전을 주셨던 하나님은 오랜 시간이 지난 후 사십 대 중반의 나이에 미국에서 한창 목회를 하던 아빠 엄마에게 다시 강렬하고 구체적인 선교로의 부르심으로 선교지로 나가라 말씀하셨습니다. 아빠와 엄마는 적잖은 기도와 고민 끝에 그 부르심의 말씀에 순종하여 이미 정착하여 평안하고 안락한 삶을 살고 있던 미국을 떠날 것을 결심했고, 온 가족이 낯설고 머나먼 땅으로만 느껴오고 전혀 관심이 없었던 아시아의 거대한 불교 국가인 태국으로의 선교를 오게 되었습니다.

그 당시 선교가 무엇인지 아무것도 몰랐던 아홉 살의 어린 은이에게 하나님은 놀랍게도 천국과 지옥의 실상을 너무나도 구체적이고 생생하게 보여주셨습니다. 대부분의 사람이 복음을 전혀 알지 못하는 태국의 잃어버린 영혼들과 앞으로 함께 살아야 하는 은이에게, 천국과 지옥을 본 경험은 어린 은이의 마음을 준비시키려는 하나님의 자상하고 섬세한 사랑과 긍휼이었음을 깨닫습니다.

은이가 초등학교 때 주일마다 주일학교를 다녔던 뉴욕의 프라미스 교회Promise Church는, 일 년에 한 번씩 초등학교 학생들을 대상으로 일주일간 함께 생활하면서 기도하고 찬양하며 하나님의 말씀으로 어린 초등학생들을 예수님의 제자로 훈련하는 과정인 어린이 에클레시아라는 수련회 프로그램을 진행했습니다. 은이는 초등학교 3학년인 아홉 살에 여름방학을 맞이하여 이 수련회 프로그램에 참석하게 되었습니다.

에클레시아 수련회를 시작하고 채 며칠이 지나지 않은 어느 날 저녁, 이 수련회에 참석한 은이와 비슷한 또래의 어린아이들이 예배당에 모여 다 함께 기도하는 시간이었습니다. 남자아이들은 남자아이들끼리, 여자아이들은 여자아이들끼리 옹기종기 모여서 기도하기 시작했습니다.

넓지 않은 예배당에 평소에 밝게 비추던 밝은 전등빛은 대부분 꺼져 있었고, 다만 주변을 엷게 비추고 있는 희미한 조명등이 여기저기 몇 군데 켜져 있었을 뿐, 주위는 거기에 모인 아이들이 기도에 전념할 수 있도록 차분한 배경 음악이 흐르고 있었습니다. 아이들이 온전히 예수님께 집중할 수 있도록 그 프로그램에 참여한 여러 선생님과 전도사님들이 곁에서 함께 도와주고 계셨습니다. 조금은 컴컴한 배경과 찬송가의 음률이 조용히 흐르는 가운데 많은 아이들이 그러했듯 은이 역시 눈을 감고 기도하기 시작했습니다. 이제 은이의 간증에 귀를 기울여보겠습니다.

Part 1
천국에 들어가다

내 아버지 집에는 살 곳이 많단다
내가 너희를 위해서
머물 곳을 준비하러 가는데
가서 머물 곳을 준비하여 때가 되면
내가 다시 와서
너희를 데리고 내가 있는 곳에
함께 머물게 하겠다
(요14:2,3)

part 1
천국에 들어가다

1. 천국 문으로 인도되다

　눈을 감고 기도하자 마자 갑자기 누군가 저의 손목을 잡았어요. 동시에 저는 교회 예배당에서 평소에 내가 좋아하고 즐겨하는 보라색 티셔츠와 분홍색 바지를 입고 두 손을 모아 기도하고 있는 또 다른 나를 바로 위에서 생생히 볼 수 있었지요. 갑자기 제 주변이 햇빛보다 더 밝은 하얀 빛으로 가득 차 버렸어요. 그 빛은 이 땅에서 한여름에 강렬하게 비취는 그렇게 흔히 볼 수 있는 태양 빛보다도 더욱 더 밝은 빛이었는데 눈이 부실 정도로 너무나도 밝았기에 저는 제대로 눈을 뜰 수가 없었어요.

갑자기 한 강한 손길이 저의 손목을 잡았을 때 순간적으로 깜짝 놀랐지만, 내가 두려워하고 있는 것을 그 손길의 주인이 벌써 알아챘는지 순간 생생하고 분명한 음성이 들려왔어요.

"두려워하지 말아라."

나의 손목을 잡은 그분이 하나님이라는 것을 아무 설명이 없어도 곧바로 알 수 있었어요.

'오! 이런 놀라운 일이...!'

잠시 생각할 겨를도 없이 순간적으로, 마치 눈 깜짝할 사이의 짧은 시간에 하나님이 나의 손을 잡아 이끄시자 우리는 바로 천국 문 앞에 이르렀어요.
그런데 놀랍게도 천국의 문 앞에는 수를 헤아릴 수 없는 엄청나게 많은 사람이 모여 있었어요. 그 사람들은 하나같이 천국에 들어가려 무척이나 애쓰고 있었어요.
그렇게도 간절히 천국에 들어가고자 필사적으로 애를 쓰고 있었지만, 그들은 들어가고 싶어도 결국에는 들어가지 못했어요. 그곳에 모여 있던 사람 중에 어떤 이들

은 안간힘을 쓰면서 그들 앞에 굳게 닫혀 있는 천국 문을 기어오르다가 떨어지고 또다시 기어오르다가 떨어지기를 수 없이 반복하고 있었어요. 또 다른 이들은 천국 문을 주먹으로 쾅! 쾅! 치고 있었어요. 그 문을 열어달라는 절망 섞인 분노의 소리와 함께 고함과 절규를 하면서 말이죠. 그러나 그들의 천국을 기어오르는 노력과 절망적인 외침과는 정반대로 천국 문 안에서는 마치 아무 소리도 들리지 않는 것처럼 어떠한 반응도 없었어요.

성경에 예수님이

'많은 사람이 천국에 들어가기를 애써도 결국 들어가지 못한다(눅13:24)'

고 분명히 말씀하셨던 것처럼, 정말로 천국은 자기가 가고 싶다고 애를 쓴다고, 또 노력하거나 고함을 친다고 해서 마음대로 들어갈 수 있는 곳이 아니었던 거예요.

천국 문 앞에 이르렀을 때, 그 문을 볼 수 있었어요. 그 문은 아주 큰 금과 보석 덩어리로 되어 있었고, 크기 또한 엄청나게 넓고 아주 높은 모양이었어요. 그 문은 사람들의 힘으로는 마음대로 열거나 닫을 수가 없을 만큼 무척이나 크고 단단해 보였어요.

그런데 제 손을 잡은 하나님이 천국 문 앞에 이르자마자, 마치 천국 문이 그 앞에 서 계신 분이 누구신가를 알고 있는 것처럼 저절로 스르르 열리는 거예요. 하나님과 함께 나는 갑자기 천국에 들어와 있었어요. 천국으로 들어가서도, 조금 전 밖에서 천국 문을 기어오르려고 애쓰던 사람들과 또 문을 열어달라고 애원하며 절박한 심정으로 온 힘을 다해서 그 문을 두드리는 많은 사람을 계속해서 볼 수 있었어요. 곁에 함께 계신 하나님께 천국 문밖에서 애쓰고 있는 그 사람들에 대해서 여쭈어보았어요.

"하나님. 왜 저 사람들은 천국 안으로 들어올 수가 없나요?"

하나님이 저에게 자상하게 말씀해 주셨어요.

"그들은 죄를 범했단다. 그런데도 그들은 나에게 거짓말을 했어."

그렇게 하나님과 대화를 나누는 중에 갑자기 한 천사가 그들에게 나타났어요. 놀랍게도 나는 천사가 그들과 대화하는 내용을 생생하게 들을 수가 있었어요.

"당신들은 죄를 지은 적이 있나요?"

천사의 질문에 사람들이 대답했어요.

"아니요. 나는 천국에 들어갈 수 있을 만큼 아주 깨끗해요. 아주 깨끗하다구요!"

거기에 있던 모든 이들이 자신들은 아주 깨끗하다고 천사에게 말하는 것이었습니다.

"너희들은 거짓말을 했어!"

그들의 대답을 들은 천사가 즉시로 그들에게 말했어요. 그때, 방금 말했던 천사의 손에 책이 하나 들려 있었는데, 천사는 거기에 모여 있던 수많은 사람들 중 한 사람에게 자신이 들고 있던 책을 직접 펼쳐서 보여주었어요.

"당신이 저지른 죄가 다 여기 적혀 있는데, 당신은 죄가 없다고 거짓말을 했어. 당신은 '내가 죄를 저질렀어요. 저는 죄인입니다. 제발 저의 죄를 용서해 주세요'라고 고백했어야만 했어. 그러면 우리가 너를 천국으로 데려 갈 수 있었겠지. 지금 너는 거짓말을 했으니 너는 천국에 들어오지 못한다."

천사의 대답은 너무나도 단호했어요. 그렇게 수많은 사람들이 천국에 들어오려고 애를 쓰고 있었지만 안타깝게도 거기서 예수님의 이름을 부르거나 예수님께 도움을 구하는 이는 단 한 사람도 없었어요. 단지 자신들의 힘과 노력으로 계속해서 천국 문에 기어오르기를 반복하거나, 이미 굳게 닫힌 그 천국 문을 절망적으로 두드리는 것뿐이었어요.

조금 전에 그에게 대답했던 천사가 다시 말했어요.

"너는 예수님을 믿어야 한다. 왜냐하면, 예수님이 너를 위해 죽으셨기 때문이야"

이 말을 듣고나서, 그 사람은 진심으로 예수님을 믿고 의지하는 마음은 없이 그냥 입술로만 대답했어요.

"나는 그것을 믿어요. I believe it."

"나는 그것이 무엇이든지 믿어요. 나는 그것이 무엇이든지 믿는다고요! I believe in it. I believe in whatever it is."

그 사람은 책을 들고 있던 그 천사에게 이렇게 대답했어요. 그는 인격을 가지신 예수님을 일컬어 어떤 물건이나 물체를 가리킬 때 사용하는 '그것IT'이라고 대답을 했지요. 그의 대답을 듣고나니 나는 정말 하나님께 죄송한 마음이 들었어요. '예수님을 그냥 그것IT이라고… 인격적인 분이 아니라 단지 자신들이 필요할 때 사용하다가 필요가 없으면 언제든지 쉽게 내다버릴 수 있는 물건으로 취급하다니… 예수님을 자신의 삶을 다스리시는 인격적인 주인이 아니라 자기가 필요할 때는 찾고 구하다가 필요하지 않을 때는 언제든지 무시할 수 있는 그런 가치없는 분으로 생각하다니…' 제 마음이 찢어질 듯 아파왔어요.

천국 문 밖에 모여 있던 그 사람들은 예수님을 인격적으로 대하지 않고 그저 자신들의 필요에 따라서 사용하다가 더 이상 필요가 없으면 언제든지 버릴 수 있는 그런 물건처럼 취급하고 있었어요. 더구나 그들은 예수님을 단지 천국에 들어가기 위한 하나의 도구나 수단으로써 취급할 뿐 자신들과 개인적인 관계를 가지고 있는 인격적인 분으로서는 전혀 생각하지 않았어요. 그 말을 들은 천사는

"예수님을 '그것it' 이라고 여기니? 아니야!"

천사는 예수님을 물건으로 취급하고 있는 그의 대답을 듣고 깜짝 놀랐습니다.

"너는 천국에 들어갈 수가 없어"

라고 분명히 그에게 대답하고는 즉시 그 자리를 떠났어요. 천사가 사라진 후에도 그곳에 모여 있던 사람들은 계속해서 자신들이 하던 행동을 쉬지 않고 하고 있었어요. 어떤 이들은 여전히 절망적인 목소리로 고함을 치면서 천국에 들어가려고 천국 문을 두드리고 있었고 또 다른 이들은 전과 같이 그 문을 기어오르려고도 했지만 안타깝게도 그 문을 통과할 수 있는 사람은 아무도 없었어요.

제가 사는 뉴욕에는 겨울이 되면 하늘에서 눈이 아주 많이 와요. 어떤 때는 마치 하늘에 구멍이 뻥 뚫린 것처

럼 한없이 와서 그 눈들이 쌓이게 되면 어른들 무릎까지 넘치게 차서 학교를 갈 수도 또 집 밖을 나가 걸어 다닐 수도 없을 정도가 되기도 해요. 그런데 그렇게 한동안 눈이 많이 오고나서, 하늘에서 눈을 내리던 그 눈 창고의 문이 닫혀서 그 많던 눈들이 그치게 되면, 사람들이 일을 보러 밖에 나가기 시작하면서 그 새하얗게 쌓인 눈을 마구 밟고 지나다니지요. 또, 도로를 달리는 자동차들도 그 쌓인 눈들을 계속해서 뭉개고 다니는데, 그런 후에 도로나 길바닥 위에 흩어져 있는 눈의 모습은 처음에 내렸던 우윳빛 같은 새하얀 모습과는 정반대로 거무스레하고 보기 흉한 너무나도 지저분하고 더러운 쓰레기와 비슷한 모습으로 바뀌어 버려요.

　갑자기 저는 뉴욕에서 봤던 그 더러워진 눈들과 비슷한 색의 거무스름하고 회색빛을 띤 어두운 구름이 천국 문 앞에서 계속해서 애쓰고 절규하고 있던 그 사람들 밑에서부터 스멀스멀 올라오는 것을 보았어요. 갑자기 그 더럽고 거무스름하며 어두운 구름이 그곳에 있는 사람들을 순간적으로 덮쳐 버렸고 즉시로 무서운 모양을 하고 흉측하게 생긴 마귀가 나타나서 그들을 모두 붙잡아 버렸어요. 그렇게 천국 문 앞에 있던 사람들을 붙잡은 흉측한 마귀는 그들과 함께 순간적으로 처음 그 구름이 올라왔던 곳 밑으로 다시 내려가 버리는 거였어요. 내가 나중에 예수님과 함께 지옥에 갔을 때, 그곳에서도 엄청나게 많은 사람을 보았는데, 놀랍게도 그때 천국 문 앞에서 문을 열어 달라고 아우성을 치던 그 사람들이 모두 지옥에 와 있었어요.

하나님의 손에 이끌려 천국 문을 통과한 후에 천국으로 들어와 보니, 나의 눈앞에는 새하얀 드레스 같은 옷을 입고 얼굴과 온몸에서 엄청나게 밝은 빛을 띠고 있는 한 분이 서 계셨어요. 그분을 보자마자 나는 단 일 초의 주저함도 없이 그분이 바로 예수님이라는 것을 알 수 있었어요.

조금 전 예배당에서 기도할 때 내 몸은 분명히 보라색 옷을 입고 있었는데, 놀랍게도 내가 입고 있던 옷도 마찬가지로 변화되어 있었어요. 천국에 와 있는 나는 정말 눈보다도 더 밝고 빛나는 새하얀 드레스를 입고 있었고, 그 옷은 너무 아름다웠지요. 천국에서 내가 입고 있던 그 새하얀 드레스는 세상의 어떤 옷과도 비교할 수 없을 정도로 밝고 아름답고 깨끗한 옷이었어요. 이 세상에서 옷을 아무리 깨끗하게 빨아도 그렇게까지 깨끗하게 할 수는 없을거예요. 그 옷은 너무나도 하얗고 깨끗했어요. 간혹 아빠가 설교하실 때, 천국에 가면 모든 사람들이 새하얀 세마포를 입고 있다고 하셨는데, 놀랍게도 성경에서 말했던 새하얀 드레스 같은 옷을 나도 입고 있었던 거예요.(계19:8).

2. 하나님과 예수님을 만나다

하나님께 이끌려 천국에 들어온 후 저는 예수님 앞에 서 있었어요. 평소에 집에서 제가 뭔가를 잘못해서 아빠나 엄마에게 벌을 받을 때면, 두 손을 차려자세로 하고 가만히 서 있을 때가 있었는데, 그때 오랫동안 서 있으면 발과 다리가 많이 아팠어요. 그런데 천국에서 예수님 앞에서 한동안 서 있었지만 저의 다리가 아픈 것을 전혀 느끼지 못했어요.

"오! 다리가 전혀 아프지도 않네!"

놀랍게도 천국에서는 마음이나 몸의 아픔은 전혀 느낄 수 없었어요.
제 앞에 계신 예수님은 새하얀 드레스 같은 옷을 입고 계셨고, 그 얼굴에서는 엄청나게 밝은 빛이 흘러나오고 있었어요. 눈이 부실 정도로 밝은 모습의 예수님이 내 앞에 서 계셨지요. 예수님의 얼굴을 보니 그 얼굴이 너무나도 멋지게 생기신 거예요. 예수님의 턱에는 수염도 나 있었고요. 멋있고 아름다운 예수님의 얼굴을 보고 있는데 예수님의 머리 위에 씌워져 있는 이 세상에서 단 한 번도 보지 못했던 아름답고 웅장한 왕관이 보였어요. 그 왕관은 예수님이 이 세상과 천국의 주인이요 왕이라는 것을 나타내는 것이었어요. 실제로 예수님은 우리 모든 사람의 왕이세요.

제가 예수님께

"저를 천국에 초대해 주셔서 정말 감사해요"

라고 말했을 때 예수님은 친히 자신의 손과 발을 저에게 보여주셨어요. 저에게 내미신 예수님의 손을 보니, 두 손에는 못 자국이 선명히 나 있었어요. 그 후에 나의 눈이 자연스럽게 예수님의 발을 향하게 되었는데, 양쪽 발에도 손과 마찬가지로 못 자국이 있었어요. 저에게 보여주신 예수님의 손과 발에는 각각 두 개의 못 자국이 선명하게 나타나 있었어요. 순간 나를 놀라게 한 것은 바로 예수님의 옆구리였어요. 그 옆구리에는 구멍이 나 있었어요. 나중에 알게 된 것은, 그 구멍이 바로 예수님이 이 세상에 계실 동안 십자가 위에서 옆구리에 찔리셨던 창 자국이었어요. 그 창 자국의 흔적이 옆구리에 선명하게 보였어요.

이 모습을 본 후에 아빠와 함께 이 이야기를 나누면서 그 모든 상처가 바로 예수님이 이 땅에 계실 동안 받으셨던, 우리 모든 사람의 죄를 위해서 십자가에서 친히 고통을 당하셨던 고난의 흔적임을 알게 되었어요. 유대인들의 거짓 고소로 로마 군인들이 예수님을 십자가에 매달기 위해, 바로 그 두 손과 두 발에 거친 못을 사정없이 박았던 그 자국임을 알게 되었어요. 정말 예수님은 성경에서 묘사하고 있는 그대로, 손과 발에 못 자국이 있었고, 그 못 자국은 바로 저와 여러분의 죄를 용서하기 위해서 우리를 대신하여 십자가에 못박히셨던 바로 그 흔적이었어요. 그렇게 십자가에 못박히셨던 예수님은 마침내 죽으셨고 그 후에 아리마대 요셉의 무덤에 묻히셨어요.

그러나 놀랍게도 우리 죄를 위해 십자가에 우리 대신 못 박히셨던 예수님은 그냥 그대로 죽어서 무덤에 묻혀 있는 것이 아니라 다시 살아나신 후 지금 천국에서 완전히 새로운 몸을 입고 계셨어요. 제가 천국에서 만났던 예수님은 비록 손과 발에 못 자국이 있었고 또 허리에 창으로 찔리신 창 자국이 선명하게 나 있었던 분이었지만 그와 동시에 죽음을 이기시고 부활하신, 완전히 새로운 천국의 몸을 입고 왕관을 쓰고 계신 예수님이셨어요.

몸에 못 자국과 창 자국을 지니고 계신 예수님을 만난 후에 저는 하나님을 만날 수가 있었어요. 하나님은 정말 크고 높은 보좌에 앉아 계셨으며, 그분의 위엄은

너무나도 대단했어요. 온몸에서 흘러나오는 아름답고 찬란한 빛이 하나님을 온통 감싸고 있었고, 아울러 그 빛은 온 천국을 가득 채우고 있었어요. 하나님으로부터 자연스럽게 흘러나오는 그 빛은 너무나도 아름다웠어요. 그 빛은 사람으로서는 감히 흉내도 낼 수 없는 그런 빛이었어요. 어떻게 그 천국의 빛을 세상의 말로 묘사할 수 있을까요. 정말 그 빛은 너무나도 밝고 아름다워서 하나님의 보좌를 바라보고 있는 저는 그 빛에 압도되어서 제대로 말을 할 수가 없었어요. 그 밝은 빛 때문에 하나님의 얼굴을 제대로 볼 수가 없었지만, 그분은 보좌에 앉아 계시면서 저를 정말 따뜻한 모습으로 맞아주셨어요.

아울러 예수님은, 엄청난 위엄을 가지시고 앉아 계신 하나님의 보좌 옆에 서 계셨어요. 하나님의 보좌 오른쪽에는 예수님의 보좌도 함께 있었는데 그 보좌 역시 하나님의 보좌 못지않게 크고 장엄했어요. 그 장엄한 예수님의 보좌로부터도 계속 빛이 나왔는데 그곳에서 나오는 빛이 너무 밝고 눈이 부셔서 내가 보기에는 마치 은색 빛의 물결이 흐르고 있는 것 같았어요.

천국에 있는 하나님과 예수님의 보좌에서 흘러나오는 빛으로 천국은 온통 빛으로 가득 차 있었어요. 그 빛으로 인해 천국에는 더러움이나 추한 것은 아무것도 볼 수 없었고 오직 깨끗하고 거룩하고 밝은 것들만 천국을 가득 채우고 있었어요. 심지어 그 빛은 천국 구석구석을 다 비추고 있었기 때문에 그 어느 곳에도 어두움이 없었고 또 그 빛으로 인해 천국에 있는 모든 사람들과 물건들이 밝게 빛나고 있었어요.

3. 죄를 용서하시다

　천국에 올라온 지 얼마 지나지 않아 하나님은 나의 머리에 직접 그분의 손을 얹으셨어요. 그렇게 하나님이 제 머리에 손을 얹자마자 갑자기 나의 모든 죄가 다 드러나 보였는데, 투명한 크리스탈 공Ball과 같은 것이 내 눈앞에 나타났어요. 내 눈으로 그 공 안을 선명하게 볼 수 있었는데, 그 투명한 크리스탈 공 같은 물체 속에는 무엇인가 검은 것들이 가득 차 있었어요. 그 속을 자세히 들여다보니 그것들이 바로 나의 죄들이라는 것을 곧바로 알 수 있었지요. 비록 아홉 살밖에 되지 않은 어린 나이였지만, 그것들은 바로 내가 이 땅에 살면서 지었던 수많은 죄들이었음을 깨달았어요. 그 죄들은 내가 어렸을 때부터 알게 모르게 저질렀던 모든 죄였는데, 놀랍게도 그 죄들이 내 눈에 너무나도 선명하게 보였어요. 나는 그 죄들을 보여주신 하나님 앞에서 그 죄들이 마치 아무것도 아닌 양 부인하거나 모른 체 할 수가 없었어요.

언니와 다투고 싸웠던 잘못들, 그리고 그로 인해서 마음속으로 언니를 미워하고 욕했던 그러한 죄들이 너무나도 적나라하게 드러나 있었고, 또한 입 밖으로는 나타내

지 않은 채 마음속으로 나쁜 생각을 했던 것들, 엄마 아빠의 말씀을 제대로 듣지 않고 내 고집을 피우며 힘들게 했던 일들, 엄마 아빠가 시키시는 것에 대해 순종하지 않고 내 마음대로 했던 일들, 그리고 그 외에 차마 입으로 다 말하기엔 부끄러운 수많은 다른 죄들이 동시에 선명하게 보였어요.

그렇게 죄로 가득 찬 그 크리스탈 같은 공을 보니, 나의 마음이 무척이나 아팠어요. 마음속으로는 이미 그 죄들에 대해서 잘못을 깨닫고 있었고 예수님께 나의 죄를 용서해 달라고 기도하게 되었어요. 내가 마음속으로 나의 죄를 용서해 달라고 기도하고 있는 것을 하나님이 아셨는지 그 순간 놀랍게도 하나님은 나의 죄로 가득 차 있던 그 크리스탈 모양의 공을 지옥으로 던져버리셨어요. 하나님이 죄로 가득 찬 그 크리스탈 공과 같은 물체를 지옥으로 던졌을 때, 저는 놀라운 광경을 보았어요. 그 죄의 덩어리를 지옥에 있던 마귀가 받아서 먹어버리는 거예요.

하나님이 그 공을 던져 버렸을 때, 성경에 나와 있는 것처럼 하나님은 나의 모든 죄를 완전히 용서해 주신 것이었어요. 마치 동쪽과 서쪽이 서로 아주 먼 것처럼 하나님은 나의 모든 죄를 아주 멀리 던져버리셨어요. 그때 하나님은 친히 자상하신 목소리로 말씀하셨어요.

"내가 너의 죄를 용서하노라."

하나님이 나의 모든 죄를 용서하신다는 말씀을 듣자마자 저에게 놀라운 일이 일어났어요. 죄로 가득 찬 크리스탈 공과 같은 그 물체가 저의 머리 위에 머물러 있었을 때는, 왠지 마음에 커다란 돌덩어리가 얹혀 있는 것처럼 무겁고 불편해서 정말 평안하지 않았어요. 그런데 하나님이 나의 죄들을 다 던져버리고 죄를 용서하신 후, 놀랍게도 저의 마음은 마치 깨끗하고 새하얀 깃털 하나가 하늘을 가볍게 춤추며 날아다니는 것처럼 하늘을 날 듯이 너무나도 기뻤어요. 동시에 잔잔한 호숫가의 고요함 같은, 하나님으로부터 내려온 놀라운 천국의 평안이 온 마음에 가득 채워졌으며, 기분도 너무나도 행복하고 좋았어요. 조금 전까지만 해도 무겁고 힘들고 불안했던 제 마음은 말로 표현할 수 없는 놀라운 기쁨으로 가득 채워져 있었어요. 흔히들 말하는 천국에서의 그 평온함과 기쁨과 행복감이 저의 온몸과 마음을 가득 감싸고 있었어요. 지금도 그때를 생각하면 하나님이 나의 죄를 용서해 주신 것이 얼마나 기쁘고 좋은지 이루 말할 수가 없어요.

하나님이 저의 죄를 용서해 주신다는 자상하고 부드러운 말씀을 듣자마자 저는 하나님께 들뜬 마음으로 즉시 대답했어요.

"하나님, 정말 감사해요!"

하나님은 친히 우리의 모든 죄를 다 알고 계셨어요. 그러나 진실하게 자신의 죄를 고백하고 마음으로부터 그 죄를 돌이키는 사람들을 향해서는 그 많은 죄들을 책망하시거나 꾸짖으시는 대신, 자상하시고 불쌍히 여기시는 마음으로 친히 그 죄를 다 용서해 주시는 너무나도 좋으시고 긍휼이 많으신 분이셨어요.

그렇게 하나님이 친히 저의 모든 죄를 용서해 주신 놀라운 사건이 있고 난 후, 저는 하나님과 함께 천국을 여행할 수가 있었어요. 천국은 사람들이 흔히 상상하는 것처럼 좁은 공간이 아니었어요. 제가 경험한 천국은 아주 아주 넓은 곳이었어요. 천국의 모든 곳을 일일이 가서 볼 수는 없었지만, 그곳에 있으면서 천국이 이 세상보다 훨씬 넓고 큰 곳이라는 것을 어렵지 않게 알 수가 있었어요.

저의 죄를 용서받고 난 후에, 하나님과 저는 온통 금으로 깔린 황금 길을 보았고 그 길을 함께 걸었어요. 그 황금 길은 너무나도 크고 아름다웠어요. 이 세상에서는 단 한 번도 보지 못했던 길이었는데, 그 황금 길이 천국에 있는 모든 길에 다 깔려있었어요.

천국에는 또 천사가 정말 엄청나게 많았는데, 특이한 것은 각 사람의 수호천사Guardian Angels가 여러 명씩 천국에 온 사람들 곁을 지키고 있었어요. 천국에는 수호천사 말고도 또 다른 많은 역할을 하는 천사들도 있었어요. 천국에 머물면서 여러 천사를 보았는데 각각의 천사들은 열심히 자신들에게 주어진 일을 하고 있었어요.

제가 본 천사들이 일하는 모습은 참으로 다양했어요. 어떤 천사는 열심히 집을 짓고 있는 것처럼 보였어요. 천국에 이미 지어진 집들이 수없이 많았는데도, 여전히 여러 천사가 계속해서 집을 짓고 있었어요. 어디서 그렇게 많은 재료를 가져와서 집을 짓는지 잘 알 수는 없었지만, 집을 짓는 일을 맡은 천사들은 그렇게 자기에게 주어진 일을 열심히 하고 있었어요. 그들이 지은 집들은 하나 같이 아름답고 멋있었어요. 마치 그 집에서 살면 너무나도 좋을 것 같은 그런 마음에 쏙 들도록 그렇게 훌륭하고 멋있게 집을 지었어요. 그다음에는 또 다른 천사들이 일하는 것을 보았는데, 그 천사들은 부지런히 짐을 나르고 있었어요. 그중에 어떤 천사들은 다 지어진 집에 짐을 부지런히 갖다 놓고 있었어요. 아마 집 짓는 일이 끝난 후 그 집에 필요한 여러 가지 것들을 채워 놓은 것처럼 보였지요. 그리고 또 어떤 천사들은 하나님의 보좌 옆을 둘러싸고 있었어요. 그 천사들은 하나님의 보좌 옆에 머물면서 하나님의 그 아름다우심을 찬양하고 하나님을 섬기고 있었어요. 그렇게 하나님 보좌 주변을 둘러싸고 있는 천사들이 있는가 하면 또 다른 천사들은 천국에 있는 사람들 모두가 하나님의 보좌 앞으로 나아가 예배할 때, 그 예배 시간에 자신들이 가지고 있는 악기를 연주하면서 하나님을 찬양하는 모습들도 보았어요.

제가 본 천사들은 우리가 어렸을 때부터 흔히 상상하고 생각하고 있던 어린 아기와 같은 모습을 한, 작고 귀엽지만 힘없고 약한 모습을 가지고 있는 그런 종류의 천사가 아니었어요. 오히려 모든 천사들은 천국에 와 있는 사람들보다 더 크고 강하며 멋있게 보였어요. 그들은 언제든지 우리를 도울 수 있을 만큼 키가 컸고, 몸도 아주 건장하고 힘이 세 보였어요. 놀라운 것은 천국에 있는 단 하나의 천사도 아무 일도 없이 빈둥대고 있지 않았고 오히려 그 반대로 부지런히 그들에게 주어진 일들을 열심히 하고 있다는 거예요.

나중에 아빠에게 천사가 하는 역할들을 성경을 통해서 배웠는데, 모든 천사들은 천국에서뿐만 아니라 이 땅에서도 예수님을 믿는 사람들을 돕기 위해 하나님이 친히 보내신다고 알게 되었어요. 천사들의 수는 천국에서뿐만 아니라 이 땅에도 엄청 많으며 그 모든 천사들은 하나님께서 친히 어린 아이든 어른이든 예수님을 믿는 모든 사람을 실제로 돕기 위해 보내졌으며 우리가 이 세상의 눈으로는 볼 수 없지만, 구체적으로 우리 그리스도인들을 곁에서 돕고 있다고 알려주셨어요. 제가 천국에서 본 모든 천사들은 천국에 올라와 있는 사람들을 정말 열심히 돕고 있었어요.(히1:14).

특히 천사들은 이 세상에서 우리가 어려움에 처하거나 위험한 일을 만나게 될 경우에 우리 믿는 사람들을 그 위험과 어려움에서 건져내어 줘요. 천사는 우리 그리스도인들과 늘 함께 곁에 있으면서 우리를 지켜주고 있지만, 때때로 우리가 죄를 짓거나 하나님 보시기에 부끄러운 일을 할 때는 우리를 떠나지 않고 곁에 있더라도 그리스도인들이 죄짓는 모습을 볼 수가 없어서 천사가 가진 날개로써 그들의 얼굴을 가리기도 해요. 천국에서 우리를 돕기 위해 우리 곁에 와 있는 모든 천사는 다 거룩하고 깨끗한 모습을 하고 있기에 우리가 행하는 잘못되고 더러운 일들을 차마 볼 수가 없어서 그들의 얼굴을 가리거나 얼굴을 돌려서 우리의 잘못된 행위들을 보지 않지요. 이 세상에서 살고 있는 우리가 늘 우리의 행동을 조심해야 하는 이유는, 비록 우리가 가지고 있는 이 세상의 눈으로는 천사를 보지 못하지만 실제로 우리 곁에 있는 천사는 우리의 착한 행동이든 나쁜 행동이든 그것들을 다 보고 있기 때문이에요.

4. 아담을 만나다

하나님이 나의 죄를 용서하신 후 함께 황금 길을 걸을 때 나는 그곳에서 길을 걷고 있는 한 사람을 보았어요. 그런데 놀랍게도 그 사람은 바로 아담이었어요. 하나님이 이 세상을 만드신 후 마지막 여섯째 날 친히 하나님의 손으로 빚어서 만드셨던 처음 사람인 아담이었어요.

교회에서 성경 공부를 할 때 성경에서만 읽거나, 가끔 설교시간에 이야기로만 들었던 그 최초의 사람 아담이 내 앞에 있었어요. 어떻게 그런 일이 일어났는지 알 수는 없지만 나는 그 사람을 보자마자 그 사람이 아담이라는 것을 곧바로 알아차렸어요. 아담은 정말 멋있고 아주 젊어 보였어요.

성경의 창세기에는 아담이 약 구백 살 넘게 살다가 죽음을 맞이했다고 기록되어 있어요. 그래서 구백 살이 넘은 아담이 이 땅에 있는 아주 나이 많은 할아버지처럼 그렇게 늙고 주름이 진 모습이라고 생각하기 쉬운데, 놀랍게도 천국에서 만난 그 아담은 마치 청년의 모습과도 같은 아주 건장하고 젊은 사람이었어요. 아담에게서는 주름이 가득한 늙은 할아버지의 모습을 전혀 찾아볼 수 없었어요.

저를 또다시 놀라게 한 것은 바로 아담의 옆에는 창세기에 기록되어 있는 하와도 함께 있었다는 거예요. 아담과 하와 두 분은 서로 다정하게 이야기를 나누면서 천국의 황금 길을 걷고 있었어요. 천국의 그 황금 길을 걷고 있던 아담과 하와 두 사람은 천국에서의 모든 사람이 그러하듯이 새하얀 드레스를 입고 있었어요. 제가 직접 아담과 하와와 함께 대화를 나누지는 못했지만, 두 사람을 보았을 때 그들이 바로 성경에 나오는 처음 사람인 아담과 하와라는 것을 어렵지 않게 알 수가 있었지요.

그다음에 나는 사자와 호랑이같이 큰 동물들과 함께 있는 모세를 보았어요. 이 세상에서 사자나 호랑이는 동물원에서나 가끔 볼 수는 있지만, 야생에서는 아주 무섭고 사나워서 함부로 가까이 다가갈 수가 없는 동물들이에요. 저는 동물원에서 우리 안에 있는 사자나 호랑이가 으르렁거리며 소리를 지르는 것만 보아도 무척 무섭고 두려운 마음이 들었었어요. 그런데 저는 그런 동물들과 함께 있는 모세를 만나서 대화를 나누었어요. 평소에도 동물들에게 관심이 많았기 때문에 나는 모세에게 다가가서 물어보았지요.

"이 동물들과 함께 뭘 하고 계세요? 무섭지 않으세요?"
모세는 대답하기를

"천국에서는 어떤 동물도 너를 무섭게 하는 것은 없단다. 한 번 만져 볼래? 이 동물들이 너를 공격하지는 않을 테니까. 사자나 호랑이들 또는 어떤 동물들도 너를 무섭게 하지 않는단다. 그들은 마치 세상에 있는 집에서 기르는 착한 강아지들과 같단다."

내가 거기에 있는 호랑이와 비슷한 동물을 쓰다듬어 보니, 그 동물의 털이 무척이나 부드럽고 좋았어요. 게다가 그 동물은 전혀 저에게 으르렁거리며 위협하지 않았고 아주 순하고 착한 동물로 있었어요.

저는 강아지나 고양이와 또 여러 동물을 무척이나 좋아해요. 그런데 안타깝게도 그렇게 동물들을 좋아하지만, 집에서는 강아지를 기를 수가 없었지요. 그래서 할 수 없이 집 밖에 나가서 엄마 아빠 몰래 강아지나 고양이 등을 쓰다듬어 주고 같이 놀아 주고는 해요. 하지만, 이 땅에서 제가 고양이나 강아지를 만지면 저의 얼굴이 금방 붉어지고 몸에서 두드러기 같은 것이 나며 동시에 기침도 많이 나와요. 동물들의 털 알레르기가 있기 때문이죠. 그래서 이 땅에서는 동물들을 마음껏 만질 수도 없고 기를 수도 없어요. 만약 제가 동물들, 특히 강아지를 만지거나 쓰다듬으면 얼마 있지 않아 제 얼굴은 알레르기 반응으로 금세 붉어지고 온몸이 가려워져요. 그래서 아빠나 엄마는 제가 동물들 특히 강아지를 만지는 것을 무척 싫어하셨고, 어디서든 강아지를 함부로 만지지 못하도록 자주 주의를 시키셨어요. 만약 제가 강아지를 만졌을 때면 아무리 그것을 감추려고 해도 얼굴과 몸에서 금방 표시가 났기 때문에, 아빠 엄마는 곧바로 알아채시고 가능한 한 빨리 세수를 시키시고 또 알레르기약을 먹이시곤 했어요.

그런데 놀랍게도 천국에서는 저의 알레르기가 완전히 사라져 버렸어요. 그래서 모세가 데리고 있던 그 호랑이와 비슷한 동물을 만질 수가 있었던 거예요. 내가 그 동물을 쓰다듬어 주었더니 그 동물은 무척이나 좋아했고, 저를 위협하거나 물지도 않았으며, 또 제 얼굴이나 몸에도 아무런 문제가 생기지 않았어요. 그래서 저는 깜짝 놀랐어요.

정말 천국에서는 아무런 질병이나 아픔이 없이 모든 사람이 온전히 건강하고 젊은 모습으로 행복하게 지내고 있었어요. 지옥과는 다르게 천국에는 장애인들과 같이 육체적으로나 정신적으로 아픈 사람을 볼 수 없었고, 모든 사람이 온전하고 깨끗한 모습으로 살고 있었어요.

아빠가 나중에 천국에 사는 사람들의 모습에 대해서 설명해 주셨는데, 천국에 가면 우리의 몸은 이 땅의 몸과는 완전히 달라져서 질병이나 아픔을 가진 그런 약한 모습을 가진 몸이 아니라 아주 건강하고 튼튼한 몸을 가지고 있게 된다고 하셨어요. 또, 이 땅에서 지니고 있었던 모습과는 달리 가장 젊고 멋있는 모습으로 변한다고 설명해 주셨지요. 심지어 어렸을 때 천국에 올라온 아이들조차 가장 건강하고 튼튼하게 성장한 모습으로 변하기 때문에 그곳에서 사는 사람들은 전혀 질병이나 아픔이 없는 건강하고 멋있고 아름다운 모습으로 살게 되는 거예요. 나이가 많이 들어서 천국에 온 사람들이나, 이 세상에서 태어나면서부터 장애를 가지고 있거나, 또는 중간에 장애를 갖게 된 사람들도 천국에 와서는 그 몸이 완전히 새로운 천국의 몸으로 변하여, 정말 튼튼하고 건강하며 또한 가장 아름다운 모습으로 살아가게 되는 거죠. 그래서 세상에서 느꼈던 자신의 몸이나 신체에 대한 부끄러움, 열등감 그리고 수치심 같은 것은 전혀 느끼지 못하게 된다고 알려 주셨어요. 그야말로 가장 아름답고 멋진 모습으로 천국에서 살게 된다고 설명해 주셨는데, 정말 천국에서 제가 만난 모든 사람의 모습은 아담부터 시작하여 모두가 멋있고 아름다우며 건강한 모습으로 변해 있었어요.

아울러 우리의 의식은 지금 이 땅에서 사는 모습보다 몇천 배 더 생생해지고 선명해져서, 그곳에서는 사람을 보자마자 그 사람이 누군지를 바로 알 수 있다고 말씀해 주셨어요. 그래서 이해를 하게 되었는데, 제가 천국에서 어떤 사람을 만났을 때 예수님이나 천사가 따로 설명하지 않아도, 천국에서 만나는 사람들이 누군지 곧바로 알 수 있었고 실제로 내가 아담과 하와 그리고 모세를 보았을 때도, 천사의 도움이나 설명 없이 그분이 누군지를 바로 알 수 있었던 거예요. 아담과 모세를 본 후 나는 또 다른 사람들을 만나게 되었어요.

내가 천국에 들어갔을 때 그곳에서 아빠와 엄마 그리고 린 언니는 볼 수가 없었어요. 우리 가족은 죽지 않고 여전히 이 세상에서 살고 있기 때문이죠. 아담과 하와 그리고 모세를 만나서 대화를 나눈 후에 하나님이 저에게

"내가 너를 놀라게 해 줄게."

라고 말씀하셨어요. 이 말씀을 듣는데 너무나도 궁금했어요.

그 순간 제 앞에는 제가 아주 어렸을 때, 미국 뉴욕에서 숨을 거두셨던 외할머니의 아버지 즉 외증조할아버지가 서 계셨어요. 외증조할아버지를 보자마자,

"할아버지! 보고 싶었어요!"

라고 말했고 할아버지도 저를 보시자마자,

"오, 엘렌!"

하고 대답하셨어요. 할아버지는 저에게 다가오셔서 저를 껴안아 주셨어요.

이 세상에서 돌아가셨을 때 외증조할아버지는 거의 90살이 다 되신 그야말로 할아버지 중의 할아버지셨어요. 허리는 늘 구부러져 있었고, 온몸에는 힘이 없으셨어요. 걸음도 항상 조심조심 천천히 걸으셨고, 음식도 제대로 소화하지 못하셨기 때문에 매일 매일 조금씩 조금씩만 드시는 정말 약하고 힘이 없으신 가여운 분이셨어요. 어떤 때는 어린 저보다도 더 힘이 없으셔서 그냥 의자에 앉아 계시면서 저에게 이것저것 가져다 달라고 부탁하기도 하셨어요. 또 얼굴에는 주름살도 무척 많으

셨으며, 눈이 잘 보이지 않아서 항상 검은 테의 두꺼운 안경을 쓰고 다니셨어요.

그런데, 천국에서 뵌 할아버지는 아주 젊으셨어요. 얼굴에는 주름이 하나도 없으셨고 건장하고 튼튼한 청년처럼 아주 늠름하고 멋있었으며, 또한 이 세상에 사셨을 동안 늘 끼고 다니셨던 그 두꺼운 안경도 끼지 않으셨어요.

그때, 할아버지 곁에는 아리따운 여인이 한 분 서 계셨어요. 외증조할아버지가 말씀하셨어요.

"이 분이 바로 너의 외증조할머니란다."

저는 이 땅에서 외증조할아버지의 아내였던 외증조할머니를 한 번도 뵌 적이 없어요. 왜냐면 외증조할머니는 저의 엄마가 태어나기도 전인, 외할머니가 아주 어린 나이인 아홉 살 때 이미 병으로 돌아가셨기 때문이죠. 그런데 엄마도 한 번도 보지 못했던 외증조할머니가 다정하게 외증조할아버지 곁에 계셨어요. 천국에서 처음 만난 외증조할머니는 정말 아름답고 예쁜 숙녀의 모습을 하고 계셨으며, 뉴욕에 계신 저의 외할머니와 많이 닮으셨고, 곱슬거리는 짧은 머리를 하고 계셨어요. 그분은 하얀 드레스를 입고 계셨는데 정말로 너무나도 젊고 아름다우셨어요. 외증조할아버지 곁에 계신 외증조할머니는 저에게 밝은 미소를 지어 주셨어요.

그런 외증조할아버지와의 즐거운 만남 후, 천국 길을 가고 있는데 주님이 한 사람을 가리키시면서 말씀하셨어요.

"그는 태국에 간 최초의 선교사란다"

"하나님. 저는 그를 알지도 못하는데, 왜 태국에 간 최초의 선교사를 저에게 소개해 주시는 거죠?"

하나님이 대답하셨어요.

"얼마 있지 않아서 그 이유를 알게 될 거야. 왜 네가 그를 만났는지."

그 당시 아빠 엄마는 뉴욕에서 목회를 하고 계셨어요. 특히 아빠 엄마가 뉴욕에서 교회를 섬기고 계실 동안 매일 매일의 삶이 너무나 바쁘셨기 때문에 선교에 대해서는 전혀 생각하지 않으셨죠. 더군다나 태국이란 나라에 대해서는 정말로 관심조차도 가질 수 없었어요. 그래서 태국에 대해서는 아무런 정보도 알지 못하던 때였어요. 지금은 예수님의 뜻대로 태국에 와서 선교사로서 사역하고 계시지만 그 당시에 태국은 전혀 아빠 엄마의 관심 밖의 나라였고 생각조차도 하지 못한 땅이었지요.

그러나 지금 생각해 보면, 당시에는 천국에서 하나님이 저에게 태국에 최초로 복음을 전하러 오신 선교사님을 만나게 하신 이유를 전혀 알지 못했지만, 그때 그분을 만나게 하신 것은 장차 저와 엄마 아빠 그리고 언니가 태국으로 선교를 하러 올 것을 주님이 미리 아시고 저에게 보여주셨던 거예요. 한 사람의 과거와 현재, 그리고 미래까지도 다 알고 계시는 하나님의 위대하심과 자비하심은 실로 크고 놀라울 뿐이에요.

때때로 우리는 우리가 예상하지 못한 어떤 사람들이나 일들을 만났을 때 그 당시에는 전혀 이해할 수가 없지만, 시간이 지난 후에는 그것에 대해 어렴풋하게나마 이해하게 되는 것처럼, 이 세상을 만드시고 다스리시는 하나님에게는 결코 우연이나 실수라는 것이 없으셔요. 하나님은 언제나 각 사람을 향한 정확한 계획을 가지고 계시기에, 그 계획에 따라 우리에게 다른 사람들을 만나게 하시거나 우리를 위한 특별한 환경을 허락하신다는 거예요.

　오! 이 얼마나 놀랍고 놀라운 일인지요. 우리는 우리 앞에 일어나는 일들을 전혀 알지 못하지만, 하나님은 모든 것을 알고 계세요. 심지어 우리의 미래에 일어날 일조차도 다 알고 계셨어요.

　천국에서는 사람을 보자마자 우리는 서로를 알아볼 수 있었으며 그 사람이 누군지 설명하지 않아도 바로 이해가 되었어요. 천국에서 사는 사람들에게는 슬픔이나 걱정스러운 모습이 전혀 없었고, 모든 사람의 얼굴에서는 아무것도 부족함이 없는 행복과 만족함으로 가득 차 있는 그런 모습으로 지내고 있었어요. 그래서 천국에 있는 사람들을 만나는 것은 무척이나 기쁘고 반가운 일이었고 즐거운 시간들이었어요.

　천국 여행 중에 저는 눈물을 흘렸어요. 왜냐하면 제가 와 있는 이 천국이 너무나도 좋았으며 또한 그곳에 있는 것이 참으로 행복했기 때문이에요.

　그리고 무엇보다 '여기에 진짜 나의 아빠가 계시구나,' '하나님이 정말 나의 참 아빠구나'를 깨달았기 때문이죠. 제가 너무나도 좋아서 기쁨의 눈물을 흘리고 있었을 때, 하나님이 저를 껴안아 주시며 말씀하셨어요.

"잘 알고 있단다 애야. 많은 사람이 천국에 오면, 너처럼 그렇게 기쁨의 눈물을 흘린단다. 나는 이미 그것에 익숙하단다. 그래, 괜찮아. 마음껏 울렴."

이렇게 격려해 주셨어요. 보통 이 땅에서 내가 울면, 엄마 아빠나 다른 사람들은 그것이 불편하고 귀찮게 여겨져서

"그만 울어! 그만 울어!"

라고 흔히들 다그쳤지만, 천국에서 하나님은

"괜찮아! 마음껏 울렴"

이라고 오히려 위로해 주셨고, 이 세상에 있는 사람들과 달리 울음을 멈추라고 말씀하지 않으셨어요.
눈에서는 눈물이 계속 흘렀지만, 그 눈물은 슬픔의 눈물이 아니라 너무나도 기쁘고 행복한 눈물이었어요. 천국에는 나를 지으시고 만드셨으며 나를 가장 잘 알고 또 친히 돌보아 주시는 참 아빠이신 하나님이 계셨기 때문에 너무나도 행복했어요. 지금도 그때 천국에서의 하나

님과 예수님을 생각하면, 저도 모르게 다시 하나님과 예수님이 보고 싶어서 간혹 눈물을 흘리고는 해요.

5. 나의 집을 방문하다

성경에는 예수님이 이 세상에 계실 동안, 장차 십자가에서 죽으시고 사흘 만에 부활하신 후에 천국으로 올라가실 것을 제자들에게 미리 말씀하시는 장면이 나와요. 그 말씀을 들은 예수님의 제자들은 더는 예수님을 볼 수 없는 것에 대해서 염려하고 걱정해요. 이렇게 염려하고 걱정하는 제자들을 향해 예수님은 그들을 위로하시면서 친히 다음과 같이 말씀하셨어요.

"내 아버지 집에는 살 곳이 많단다. 내가 너희를 위해서 머물 곳을 준비하러 가는데, 가서 머물 곳을 준비하여 때가 되면 내가 다시 와서 너희를 데리고 내가 있는 곳에 함께 머물게 하겠다(요14:2,3)."

그렇게 제자들에게 약속하시고 난 후, 말씀하신 대로 마침내 십자가에 못 박혀 죽으시고, 사흘 만에 부활하신

천국에 들어가다

후에, 40여 일 동안 함께 제자들에게 자신을 보이시고, 천국으로 다시 올라가셨죠. 천국에 계신 예수님은 지금 모든 그리스도인이 와서 살 거처를 미리 준비해 놓고 계세요.

천국에서 많은 여러 사람을 만난 후에, 예수님은 저를 또 다른 한 곳으로 인도해 주셨어요. 그곳으로 인도해 주신 예수님이 말씀하셨어요.

"여기가 바로 나중에 천국에 다시 돌아오면, 네가 살게 될 집이다."

그 집을 보니 정말 넓고 좋은 집이었어요. 그 집은 온통 금으로 지어져 있었어요. 1층으로 지어진 집이었는데, 예수님이 말씀하신 그 집 안으로 들어가 보니 집 안의 모든 것들이 정말 깔끔하게 잘 정돈되어 있었고, 제가 생활하기에 필요한 가구들이 곳곳에 잘 준비되어 있었어요. 그곳에는 가지런히 정리된 침대도 있었어요. 그 침대는 금으로 만들어져 있었는데, 한 눈으로 보기에도 아주 푹신하고 편안하게 보였지요.

이 땅에서 저는 가끔 밤에 혼자 잠을 자거나 화장실을 갈 때 무서움을 많이 타고는 해요. 그래서 예수님께 물었어요.

"예수님 저는 혼자 방에서 잠을 잘 때, 무서움을 느끼고 가끔 나쁜 꿈을 꾸어요. 그런데 천국에는 무서움이 없나요?"

예수님이 대답하셨어요.

"천국에서는 세상에서 느끼는 무서움이나 잠잘 때 경험하는 나쁜 꿈을 더는 꾸지 않는단다"

예수님의 말씀을 들은 후에 제 방에 있던 침대에 잠시 누웠어요. 그 침대에 누워보니 정말 푹신하고 편안했어요. 때마침 곁에서 저를 보호해 주고 있던 수호천사 중 한 분이 제 옆에 같이 누웠어요. 그 천사가 제 옆에 누웠을 때 전혀 두려움이나 무서움이 없었고 우리는 마치 예전부터 잘 알고 지내고 있던 사이인 것처럼 아주 친숙한 느낌이 들었어요. 제 곁에 누워 있던 그 천사가 말했어요.

"이곳에서는 결코 나쁜 꿈 같은 것은 꾸지 않는단다."

정말 천국의 집에서 잠깐이었지만 저의 침대에 누웠

는데, 두려움이나 무서움의 느낌은 전혀 들지 않았고, 그 반대로 마음속에서 정말 잔잔한 평화가 가득 찼어요. 예수님의 말씀처럼 천국에서는 하나님이 친히 나와 함께 계시기 때문에, 그 어떤 두려움이나 무서움이 나의 마음에 전혀 들어오지 않았고, 오히려 하나님이 주시는 놀라운 평화가 나의 온 마음과 몸을 포근하게 감싸고 있었어요.

지옥에 가서도 경험한 것이지만, 그 어떤 환경에서라도 예수님이 친히 제 곁에 함께 계신다면, 그 어떠한 상황 속에서도 예수님이 주시는 평화와 고요함을 느낄 수 있었어요.

그렇게 침대에 눕기도 하고 또 장차 제가 지내게 될 방을 이리저리 둘러보게 되었어요. 그런데 특이한 것은 제가 그 집을 둘러 보았을 때 천국에 있는 내 집에는 이 세상에 있는 부엌이 보이지 않았어요. 이 세상에서는 매일 식사를 하기 위해 음식을 만들어 먹어야 하지요. 그래서 음식을 만들기 위한 부엌이 필요한데, 천국에서는 음식을 직접 해 먹을 필요가 없었어요. 그래서 천국에서는 부엌을 볼 수가 없었던 거예요.

집 안 거실 한 곁에는 책장이 있었어요. 그 책장은 아주 큰 것이었는데 그 책장은 비어 있지 않았고 수많은 책으로 가득 채워져 있었어요. 또한, 집 뒤로 나가는 문이 하나 있었는데 그 문을 열고 나가자 그곳에는 아주 넓은 정원이 펼쳐져 있었어요. 그곳에서는 자신이 원하는 대로 정원을 아름답게 가꿀 수도 있었고, 또 원하면 얼마든지 동물을 기를 수도 있었어요. 제가 머물렀던 집 옆에는 다른 집들도 있었어요. 옆집에도 사람들이 있었는데 이름을 물어볼 필요도 없이 서로 서로가 누군지를 잘 알 수 있었어요. 내가 보니 어떤 사람은 자신의 정원에서 동물들을 기르고 있었고, 또 다른 사람은 정원에서 온갖 아름다운 꽃들을 가꾸고 있었어요. 그들이 가꾸고 있는 꽃들을 보니 너무나도 화려하고 아름다웠어요. 각양각색의 꽃들이 만발하여 온 정원을 가득 채우고 있었는데, 그 정원을 보는 제 마음은 너무나도 행복했어요.

　그곳에서 나를 보호하던 수호천사들은 저의 집으로 들어오는 정문 입구에 두 분이, 그리고 정원으로 나 있는 뒷문에 또 다른 두 분이 각각 서 있었어요. 그들은 천국에 있을 동안 항상 내 곁에 있으면서 나를 돌봐주었어요.

　천국에는 천사가 엄청나게 많이 있었어요. 숫자를 헤아릴 수 없을 정도로 많은 천사가 천국에 온 사람들을 열심히 돕고 지켜주고 있었어요. 모든 사람 곁에는 수호

천사가 네 분씩 있었어요. 그들은 천국에 있는 사람들이 어디를 가든지 함께 다니면서 천국에 올라온 사람들을 보호하고 있었어요. 특히 천국에 있는 사람들의 집을 보니, 각각의 집 입구에는 앞뒤로 각각 두 분의 수호천사들이 있었어요.

각 천사는 날개가 있었고 그 키는 우리들의 키보다 훨씬 크고 건장했어요. 그들은 지금 우리가 사는 세상에서 보는 남자나 여자와는 달랐어요. 천사들을 남자나 여자와 같은 이 세상에 있는 성별로 구분할 수는 없었지만 모든 천사가 하나같이 다 멋있어 보였어요.

각각의 사람들이 사는 집 뒤쪽에는 아주 큰 정원 같은 공간이 있었어요. 저는 동물 기르는 것을 무척이나 좋아했어요. 특히 동물들의 털을 쓰다듬으면 기분이 참 좋았어요. 내 집 정원에서 예수님께,

"예수님. 저는 여기서 사자를 기르고 싶어요. 사자를 길러도 될까요?"

라고 물어봤더니, 예수님은 다정하게,

"그럼. 당연히 기를 수 있지."

라고 대답해 주셨어요.

그 말을 듣자마자 나는 너무나도 신이 났어요. 왜냐하면, 이 세상에 살 동안에 저는 정말로 강아지를 좋아해서 강아지를 기르고 싶었습니다만, 제 몸에 동물들 털에 대한 알레르기 증세가 심했고, 천식까지 있어서 강아지를 기를 수 없었기 때문이에요. 정말 강아지를 기르고 싶어서 아빠 엄마에게 자주 조르기도 했지만, 번번이 거절당하고 말았거든요.

태국의 딱Tak지역에 와서 혼자 홈스쿨링을 할 때, 강아지 대신 토끼를 몇 번 기른 적이 있어요. 딱Tak에서 아빠에게 졸라서 근처에서 열리는 주말 토요 시장에서 처음 토끼를 산 날, 나는 너무나도 신나고 기뻤어요.

우리 가족이 뉴욕에 살 때, 알레르기 때문에 강아지를 기를 수가 없어서 강아지 대신 거북이 두 마리를 조그마한 수족관에 넣어서 언니와 함께 길렀었어요. 처음에 새끼손가락 한 마디보다 더 작은 거북이 두 마리를 할머니가 사 주셔서 그것을 정성을 다해 길렀죠. 그렇게 몇 년을 기르다 보니 어느새 그 거북이 두 마리가 손바닥만큼 커졌어요. 수족관에서 사는 거북이를 돌보고 키우는 것이 언니와 저에게는 큰 기쁨이며 즐거움이었어요. 그러던 중 태국으로 선교를 와야 했기 때문에 그 거북이 두 마리를 데려올 수가 없어서 근처에 있는 엄마 친구인 이모네에 주고 와야만 했어요.

이렇게 거북이를 기른 즐거운 추억이 있어서, 이곳 태국에 와서도 동물을 기르고 싶었어요. 더군다나 언니는 치앙마이에서 공부하고 있고 집에서는 나 혼자 친구도 없이 홈스쿨링을 해야만 하다 보니, 많이 심심하고 적적하여 꼭 동물을 기르고 싶었어요. 그렇게 기쁜 마음으로 토끼를 사서 기르게 되었는데 얼마 지나지 않아서 그 첫 번째 토끼가 갑자기 힘이 없이 시름시름 앓더니 갑자기 죽어 버렸어요. 그때 나는 정말 슬퍼서 펑펑 울었어요. 죽은 토끼를 보면서 너무나도 마음이 안타까웠기 때문에 아빠에게 부탁해서 아빠와 함께 옆 마당에 토끼를 위해 무덤을 만들어 주었고, 그 무덤 위에 조그마한 나무로 십자가를 만들어 함께 꽂아 주었어요. 그런 일이 있고 난 후에도 토끼 키우는 것을 그만둘 수가 없었어요. 그래서 세 번이나 더 새끼 토끼를 시장에서 사서 키웠지만, 그때마다 토끼들이 죽어 버려서, 결국 저는 토끼 키우는 것을 포기할 수밖에 없었어요.

그런데 천국에 와서 보니, 예수님이 토끼나 강아지 정도가 아니라 사자를 기를 수 있도록 저에게 허락해 주신 거예요. 우리가 이 땅에서 생각하는 무섭고 두려운 사자의 모습이 아니라 정말 사랑스럽고 귀여운, 전혀 위험이나 두려움이 없는 그런 사자의 모습이었어요. 제가 예수님으로부터 천국에 있는 내 집에서 사자를 기를 수 있다고 허락을 받았을 때 내 마음은 정말 뛸 듯이 기뻤고 행복했어요.

그 후에 나를 위해 준비된 나의 천국 집을 계속해서 둘러 보았는데, 그 집은 너무나도 제 마음에 쏙 들었어요. 어떻게 예수님이 저의 취향을 잘 아셨는지 그 집을 보았을 때 온통 제 마음에 들도록 가구들이며 여러 필요한 물건들이 잘 준비되어 있었어요. 또, 천국에 있는 저의 집은 이 땅에서의 그 어떤 집과도 비교가 되지 않을 정도로 크고 멋있는 대저택이었어요. 그 집은 방 하나하나가 너무나도 컸고, 내가 살기에는 넉넉하게 보였어요. 장차 이곳에서 살 것을 생각하니 너무나도 기쁘고 행복했어요. 정말 그 집이 너무나 좋아서 계속 거기에 살고 싶었죠.

저의 집을 둘러 본 후에 제 집 옆을 보니, 그곳에는 아빠와 엄마 그리고 언니의 천국 집도 함께 나란히 있었어요. 놀라운 것은 아빠 엄마 그리고 린 언니가 아직까지는 천국에 들어와 있지 않고 이 세상에 계속 살고 있는데 이미 천국에는 아빠와 엄마 그리고 린 언니의 집이

미리 다 준비가 되어 있었다는 거예요. 비록 제가 그 집들을 직접 찾아가서 둘러 보지는 않았지만, 그 집 역시도 저의 집과 같이 크고 훌륭했어요. 저는 이 세상에서뿐만 아니라 천국에서도 아빠 엄마 그리고 언니와 함께 곁에서 살 것을 생각하니 너무나도 기뻤어요.

6. 책장에 책들이 꽂혀 있다

예수님이 안내해 주신 저의 집에 들어가 보니, 거실 벽 옆으로는 책장이 있었어요. 그 책장도 역시 금으로 만들어져 있었어요. 내가 본 것은 6단으로 되어 있는 책장이었는데, 각각의 칸에는 책들이 가득 꽂혀 있었고, 그 책들은 가지런히 정리되어 있었어요.

첫째 칸에 있는 책들 가운데 하나를 집어서 읽었어요. 그 책에는 놀랍게도 이 땅에 살 동안의 나의 삶에 대한 기록이었는데, 내가 이 세상에서 했던 많은 행위에 대해서 자세히 적혀 있었어요. 첫 번째 칸에 꽂혀 있는 모든 책을 일일이 다 읽어 보지는 못했지만, 그 책들을 보자마자 모두 저의 삶에 대해서 상세히 적어 놓은 책이라는 것을 알 수 있었어요. 제가 이 땅에서 어떤 행동을 했는지 또 어떤 생각과 마음을 가지고 살았는지에 대해서 아주 자세히 기록이 되어 있었어요. 그런데 그 책을 읽는 동안에 놀랍게도 제 마음속에서는 그 기록된 책의 내용들에 대해서 전혀 부끄러운 마음을 느끼지는 못했어요.

다음 칸에도 책들이 여럿 놓여 있었는데, 그 칸에는 아빠 엄마 그리고 린 언니에 관련된 내 가족에 대해 적혀져 있는 책들이 있었어요. 이 세상에 있을 동안 함께 살면서 서로 관계하며 살았던 가족에 관한 내용의 기록들이 꼼꼼히 적혀 있었어요. 엄마 아빠와 언니랑 뉴욕에 살면서 우리는 자주 함께 즐거운 추억들을 많이 가지며 서로를 아껴주며 살고 있었는데, 그러한 가족들에 대한 내용들이 자세히 기록되어 있는 것이었어요.

셋째 칸에는 제 주변의 친척들에 관해 기록된 책들이

꽂혀 있었어요. 제가 이 땅에서 알고 있고 친척이라고 불릴 수 있는 그래서 저와 직접적으로나 간접적으로 연관을 가진 사람들에 관한 내용이 그 책에 자세히 기록되어 있었어요. 미국에 계시는 할머니와 할아버지뿐만 아니라 한국에 계시는 친척들에 대한 내용들이 자세히 적혀 있었어요.

네 번째와 다섯 번째 칸에는 내가 이 땅에 살면서 만나고 관계를 맺었던 사람들에 관련된 책들이었어요. 이 땅에서 살면서 만났던 친구들에 대한 내용들, 그러니까 학교에서 만났던 친구들과 선생님들 또 교회를 다니면서 만났던 교회 친구들과 전도사님들. 그리고 교회 성도님들에 대한 내용 등등. 어디서나 또는 언제든지 나와 연관되었던 사람들에 대한 내용이 가득 기록이 되어 있었어요.

특이한 것은 마지막 여섯 번째 칸이었어요. 그 여섯 번째 칸에도 책들이 꽂혀 있었어요. 그런데 그 칸의 책들을 보았을 때 그 책들의 내용은 모두 비어 있었어요. 더불어 금으로 만들어진 그 책장 옆에는 테이블 또는 책상과 비슷한 물건이 놓여 있었어요. 제가 그 책상을 보니, 그 책상 위에는 마치 책과 비슷한 여러 묶음의 종이들이 아무것도 적혀 있지 않은 채, 비어 있는 상태로 많이 남겨져 있었어요.

"예수님. 이 책들은 왜 비어 있나요?"

다른 책들과 달리 여기에는 아무것도 적혀 있지 않고 비어 있었기에 그 비어 있는 책들이 궁금해서 예수님께 물어보았어요.

"너는 천국에서 글을 적을 수가 있단다. 마치 일기장처럼 적어서 그 마지막 칸에 넣어 두면 된단다"

예수님이 다정하게 대답해 주셨어요. 제가 딱Tak에서 엄마 아빠랑 홈스쿨링을 할 동안 이런 사실을 아빠에게 이야기했을 때, 아빠는 제가 본 천국 책장에서의 책들에 관한 내용에 대해서 이해하기 쉽도록 설명해 주셨어요. 천국에는 각 사람에게 주어진 책들이 있는데 그 책을 흔히들 행위록이라고 한대요. 행위록은 이 땅에서 각 사람이 생각하고 행동했던 모든 삶의 모습들에 대해서 자세하게 기록한 책이라는 거예요. 그 책에는 각 사람들이 했던 착하고 나쁜 행동들 그리고 무의식중에 했던 모든 말들까지도 다 기록이 되어 있다고 말씀해 주셨어요. 또한 그 책에는 사람들이 아무 생각 없이 했던 농담들까지도 기록이 되어 있다고 알려 주었어요. 놀라운 것은 그 책에는 자신들이 마음에 품었던 모든 생각들까지도 상세히 다 기록이 되어 있다고 말씀해 주셨어요(마12:36).

천국에 있는 저의 집에서 책장에 있는 많은 책을 다 살펴본 후, 예수님은 저에게 미국에서 학교를 다니던 시절에 경험했던 몇 가지 아픈 일들에 대해서 말씀하셨어요. 미국 학교에서의 경험은 저에게는 너무나도 힘들고 마음 아팠던 것이었는데 그것에 대해 이야기해 주셨어요.

제가 미국에서 초등학교를 다니고 있었을 때, 우리 반에 한 친구가 있었어요. 그 친구의 이름은 S였는데, 그 친구가 저를 무척이나 못살게 굴며 괴롭혔어요. 때때로 선생님께 거짓말을 해서 저를 골탕 먹이기도 하고, 여러 가지로 저를 힘들게 하고, 제 마음을 많이 아프게 만들었어요. 늘 그 S만 생각하면 마음이 상하고, 심지어 학교에 가기 싫을 때도 종종 있었어요. 그 S가 저를 그렇게 괴롭혔기 때문에 어떤 때는 그 친구에게 '어떻게 복수를 해줄까'라는 생각도 여러 번 했어요. 그런데 천국의 제 집에서 예수님은 저에게 친히 말씀하셨어요.

"내가 너의 아픔을 아노라. 누가 너를 괴롭히고 있는지 너의 아픔을 내가 다 안단다. 내가 너를 위로해 주마."

예수님은 놀랍게도 이 세상에서 내가 친구나 주변 사람들로부터 당하는 아픔과 어려움을 다 알고 계셨어요. 심지어 누가 나를 괴롭히는지, 그리고 그들이 나를 어떻게 괴롭히는지, 그 괴롭히는 사람들의 이름까지도 정확하게 알고 계셨어요. 예수님이 그 말씀을 하시자마자, 저의 마음은 너무나도 평안하게 되었어요. 그 S라는 친구가 너무 미워서 복수하고자 했던 이전의 마음도 순식간에 사라져 버렸어요. 예수님이 나를 위로하시자마자, 나는 너무나도 행복했고 동시에 마음은 기쁨으로 가득 차 있었어요. 그렇게 되니 나의 마음은 오히려 나를 그렇게 괴롭혔던 S를 용서해 주고 불쌍히 여기는 마음까지 생기게 되었어요.

이 세상에 살면서 때때로 우리는 우리를 괴롭히고 힘들게 하는 사람들을 종종 만나게 되지요. 그런 사람들을 만날 때마다 우리는 그 사람들을 불쌍히 여기고 그들의 잘못을 용서해 주어야 하지만 사실 우리를 괴롭히고 힘들게 하는 그 사람들을 우리의 생각과는 달리 진심으로 용서해 주는 것이 절대 쉽지 않아요. 우리의 의지와 노력으로는 그것이 불가능하기 때문이에요. 그런데 예수님께 우리의 아픔과 힘든 문제를 가지고 가면, 예수님이 친히 우리의 마음을 위로해 주세요. 그럴 때는 놀랍게도 우리를 괴롭힌 그 사람들에 대한 복수보다는 오히려 불쌍히 여기는 마음과 아울러 그들을 용서할 수 있는 마음을 하나님께서 친히 우리에게 주셔요. 이 세상에서의 참된 용서는 우리 자신에게서 나오는 것이 아니라 바로 하나님께서 주시는 마음이 있을 때 가능한 거예요. 그럴 때 우리는 정말 사람들을 용서해 줄 수 있을 뿐만 아니라, 우리의 마음에 천국에서 주어지는 말할 수 없는 기쁨과 평화를 가지고 이 세상에서 생활할 수가 있어요.

그 후에 하나님은 저를 하나님의 보좌가 있는 곳으로 데리고 가셨는데, 그곳에도 책이 있었어요.

"이 책에 있는 사람들의 모든 이름을 내가 다 알고, 또 그들도 내가 누군지를 안다."

라고 하나님이 친히 말씀하셨어요. 아마 그 책은 예수님을 믿어서 구원받은 사람들의 이름이 기록되어 있는 생명책이 아닐까 생각해요. 예수님이 자신을 양의 목자라고 하시면서, '나는 양의 이름을 알고 내 양도 나를 안다(요10:14)'고 말씀하시는 장면이 성경에 나오는데, 하나님은 정말 분명히 말씀하시길 친히 그 생명책에 있는 사람들을 일일이 다 알고 계시고 또한 그 생명책에 이름이 기록된 그 사람들도 동일하게 하나님이 누군지를 안다고 말씀하셨어요.

그런데 놀라운 것은 어느 누구도 하나님이 친히 들고 계신 그 책에 자신의 이름을 스스로 기록할 수 없었고, 오직 하나님만이 그 책을 기록하실 수 있었다는 거예요. 제가 보았을 때 신기한 것은 하나님이 책을 기록하시는 것은 우리가 세상에서 연필이나 볼펜으로 기록하는 것처럼 하지 않으신다는 거예요. 그냥 마음속에 생각하는 것만으로도 그 책에 기록이 되어지는 것이었어요.

7. 예수님과 함께 식사하다

천국에서 한참 동안 여행을 할 때 예수님이 말씀하셨어요.

"가서 같이 식사하자꾸나."

예수님이 인도하신 그곳에는 아주 큰 테이블이 있었어요. 그 테이블을 보니 음식들이 너무나도 멋지게 세팅이 되어 있었어요. 마치 큰 연회장에서 파티가 열렸는데 주인공들이 들어오기 전에 거기서 일하는 사람들이 각종 맛있는 음식을 아름답게 장식한 후에 음식을 미리 갖다 놓고서 주인공을 기다리고 있는 것처럼, 그렇게 준비된 테이블은 먹을 것이 정말 풍성하고 화려한 음식들로 가득 차려져 있었어요. 그곳에는 이 세상에서 영화에서나 보았던, 아주 높고 멋있는 의자가 테이블의 높이에 맞춰 옆에 가지런히 놓여 있었어요. 그 의자는 보기에도 아주 아름다웠고 상당히 높았어요. 화려하게 미리 준비된 테이블 위에 놓여 있는 여러 가지 음식을 먹기 위해 그 자리에 앉았을 때 나는 마치 공주님과 같은 느낌을 받았고 실제로 그러한 대접을 받았어요. 예수님은 저를 그 식탁에서 공주처럼 대접해 주셨어요. 그곳에서 나는 문득 '하나님이 정말 나의 진정한 아빠'라는 것을 느꼈고 그 좋은 아빠를 떠나기 싫었어요.

테이블 위의 음식들은 큰 연회Feast와 같이 아주 크고 훌륭하게 차려져 있었고, 먹음직한 음식들로 가득 차 있었어요. 마치 전 세계의 맛있는 음식들을 다 모아 놓은 것처럼 정말 크고 훌륭한 식사 자리였어요. 그렇게 많이 차려진 음식들 가운데 미국에 있는 스파게티나 한국에서의 면류와 비슷한 음식들이 제 눈에 들어왔어요. 그래서 많은 음식 중에서 그 스파게티와 같은 음식을 먹고 싶었어요. 그 음식을 먹었을 때, 그 맛은 정말 말로 표현할 수 없을 정도로 맛있었어요.

집에서 엄마가 맛있는 음식을 자주 해 주셨는데, 엄마가 해주셨던 음식도 아주 맛이 있지만, 천국에서 먹었던 그 음식은 이 세상에서 먹었던 그 어떤 음식과도 비교할 수 없을 정도로 맛있고 훌륭한 것이었어요. 너무나도 맛이 있어서 금세 한 그릇을 다 비웠어요. 한 그릇을 다 먹은 후에 예수님께

"예수님! 한 그릇 더 먹어도 되나요?"

라고 물었어요. 예수님은

"그럼, 얼마든지 먹어라."

라고 대답해 주셨어요. 나는 두 번째 그릇을 비우고, 이어서 한 그릇 더, 모두 세 그릇 정도를 먹었어요. 정말 너무 맛있었고, 나는 포만감과 함께 큰 기쁨을 느낄 수 있었어요. 천국에서 예수님과 함께하는 식사 자리에 초대를 받았다는 것, 그리고 천국의 음식을 먹을 수 있다는 것이 너무나도 행복했어요.

천국에는 꿀도 있었어요. 너무 먹음직스러워서 한 번 찍어 먹어 보았어요. 그런데, 그 맛이 이 세상에 있는 꿀과 비교할 수 없을 정도로 달았는데, 먹을수록 더 먹고 싶을 정도로 달고 맛있었어요. 그렇게 한참 동안 예수님이 베풀어 주신 식사를 다 마치고 나니, 너무나도 기쁘고 행복했어요.

시편이나 요한 계시록에 보면, 하나님이 그리스도인들을 하나님의 식탁에 초대하셔서 그들과 함께 먹고 마시는 장면이 나와요. 천국에서 예수님과 함께 식사를 하고 난 다음에 이 땅에 돌아와서 알게 된 것은 성경말씀에 기록된 그 내용들이 단순한 비유가 아니라, 실제로 천국에서는 예수님과 함께 식탁에서 먹고 마시는 일들이 있다는 것이었어요(계3:20). 또한, 그 식탁에 초대되어지는 것은 아주 영광스러운 일일 뿐만 아니라 즐겁고 행복한 일이라는 것을 알게 되었어요.

8. 천국에서 예배하다

이번에는 천국에 있는 하나님의 보좌 앞으로 인도 되었어요. 수많은 천사들이 하나님의 장엄한 보좌를 둘러싸고 있었고, 그들 중에는 음악을 담당하는 천사도 있었는데 어떤 천사는 하프Harp를 켜고 있었어요. 그 하프 소리는 무척 아름다웠어요.

천국에서 본 하나님은, 하나님 자신만의 시간표를 가지고 계셨어요. 하나님이 가지고 계신 시간표Calendar도 역시 금으로 만들어져 있었어요. 그 시간표 안에 어떤 내용이 적혀 있는지는 알 수 없었지만, 아마도 천국과 이 세상에서 이루어지는 일들에 대해서 기록되어 있을 것이라 생각했어요. 특히 우리가 모여서 함께 예배한 그 때는 이 세상에서 정기적으로 시간을 정해 놓고 예배드리러 모이는 날인 일요일 또는 주일이 아니었어요. 아니, 정확하게 말하면 천국에는 따로 주일이나 일요일이 없었어요. 모든 날들이 다 특별한 날이었고, 또 언제든지 하나님께 기쁜 마음으로 모든 사람들이 모여 예배할 수 있었어요.

"나와 함께 예배하러 가겠니?"
하나님이 물으셨어요.

"예, 그럼요. 물론이죠."

하나님은 예배드리는 그 시간에 자신의 보좌에 앉으셔서, 천국의 수많은 사람들이 함께 드리는 기도와 찬송을 기쁘게 받으셨어요. 저 역시 너무나도 기뻐서 거기에 모인 수많은 사람들과 함께 찬송을 드렸어요. 그 예배드리는 장소에서는 사람들만 예배를 드리는 것이 아니라 천국에 있는 수많은 천사들도 함께 하나님을 예배하는 모습을 볼 수 있었는데 그 모습은 너무나 거룩하고 장엄했어요.
놀라운 것은 모든 사람이 각각 다른 언어로 예배를 드리고 있었는데, 그럼에도 불구하고 서로 간의 의사소통은 자연스럽게 이루어지고 있었고, 하나님은 각각의 사람들이 사용하는 다른 언어들을 다 알아듣고 계셨어요. 심지어 거기에 모인 사람들은 각각의 다른 언어로 서로서로 말을 했지만, 서로의 마음을 알고 이해하는 데는 전혀 어려움이 없었어요. 이 땅에서는 우리가 배우지 못한 다른 나라의 언어를 잘 알지 못해서, 서로의 말을 이해하려면 정말 어렵고 답답한 마음을 느끼고는 하죠. 하지만, 천국에서 하나님은 모든 언어를 알고 계셨어요. 천국에서 우리는 하나님의 아들들과 딸들이며 또 하나님의 DNA를 가지고 있었기에 영어, 스페인어, 일본어, 한국어 또는 다른 많은 언어로 예배하고 의사소통을 하지만, 서로 다 알아듣고 그 뜻을 이해하는 데에는 전혀 어려움이 없었어요. 오히려 대화를 하자마자 쉽게 서로를 이해할 수 있었어요.

계시록을 보면, 천국에서는 각 족속과 방언과 나라에서 허다한 사람들이 하나님께 다 나와서 예배하는 모습을 묘사하고 있는데, 성경에서 설명하고 있는 그 모습들이 실제로 천국에서 일어나고 있었어요(계7:9). 각각 다른 민족과 백성들이 자신들의 언어로 살아계신 하나님께 한마음과 한목소리로 예배하는 그 아름다운 예배의 장면을 천국에서 보았을 때 저의 마음은 너무나도 좋았고 행복했어요.

이 세상에서 저는 가끔 성경을 읽거나 기도하고 또 함께 모여 예배하는 것이 싫고 귀찮을 때가 있었지만, 천국에서 천사와 거기에 있는 모든 사람이 함께 모여 예배하는 그 시간은 너무나도 기쁘고 감격스러운 시간이었어요. 이 세상에서 드리는 예배와는 정말 너무나도 다른 장엄하고 아름다운 예배였어요.

얼마 동안 제가 천국에 머물러 있었는지는 잘 알지 못하지만, 천국에 있을 동안에 저는 결코 목마름이 없었어요. 아니 목마름을 전혀 느끼지 못했어요. 왜냐하면 그 곳에는 모든 것들이 다 채워져 있었고, 하나님과 함께 있는 것 그 자체가 행복과 기쁨이며 감격이었기 때문이에요.

Part 2
지옥에 들어가다

임금이 사환들에게 말하되
그 손발을 묶어
바깥 어두운 데에 내던지라
거기서 슬피 울며
이를 갈게 되리라 하니라
(마22:13)

part 2
지옥에 들어가다

1. 지옥은 불만 계속 타오르고 있다

예수님과 함께 천국에서 즐거운 시간을 보내고 난 후, 예수님은 갑자기 저를 지옥으로 데리고 가셨어요. 지옥에 들어가니 어떻게 된 영문인지, 예수님의 발과 제 발은 지옥을 디디고 있지는 않았고, 발이 지옥의 바닥에서 조금 떠 있는 느낌이 들었어요. 마치 구름 위에 예수님과 저의 발이 떠 있는 것처럼 느껴졌어요. 놀랍게도 지옥을 내 눈앞에서 생생하게 볼 수 있었어요.

지옥은 굉장히 넓었어요. 천국은 당연히 지옥보다 훨씬 크고 넓은 곳이었는데, 이미 위에서 나누었듯 천국은 모든 공간이 너무나도 아름다운 것으로 가득 채워져 있었어요. 동시에 천국에서는 각 사람이 자신의 취향에 맞게 잘 지어진 집에서 평안하고 즐겁게 살 수가 있었어요. 그런데 지옥이 그렇게도 넓은 공간이었지만, 거기에 온 사람들이 따로따로 머물 수 있는 개인만의 휴식처나 집은 전혀 없이 모든 공간이 다 뚫려져 있어서, 서로의 고통을 다 쳐다볼 수 있는 곳이었어요.

지옥은 사방이 온통 캄캄한 어둠으로 싸여 있었어요. 천국에 갔을 때는 하나님으로부터 흘러나오는 빛이 천국을 가득 채우고 있었기에 천국 전체가 정말로 밝고 환했어요. 그 환한 빛들이 천국의 모든 곳을 환하게 밝히고 있었기에 어두움은 머물 수가 없었어요. 그런데 천국과는 정반대로 지옥은 정말 주위가 온통 어두움뿐이었고, 천국에서 보았던 빛이라고는 전혀 찾아볼 수가 없었어요. 칠흑 같은 어두움이 온 지옥을 덮고 있었기 때문에 정말 그곳에 있는 것만으로도 기분이 나쁘고 오싹할 정도로 싫었어요.

예수님이 마태복음에서 천국에 관한 비유를 설명하시면서, 한 임금님이 백성들을 위해 혼인 잔치를 베풀었을 때 종들이 나가서 사람들을 초청하지만, 초청받은 사람들이 이런저런 핑계를 대면서 임금님의 혼인 잔치 초청을 거부하지요. 그러니까 임금님이 종들에게 명하여 산과 들에 가서 많은 사람을 잔치 자리에 데리고 오라고 했어요. 그렇게 하여 많은 사람이 잔치에 참석하게 되는데, 그 잔치 자리에 참석한 사람들 가운데 잔치 자리에 맞는 예복을 입지 않고 들어온 사람들이 있었어요. 그것을 알게 된 임금님은 종들에게 명령하여 '예복을 입지 않고 잔치 자리에 온 사람들을 모두 다 천국 바깥 어두움이 가득한 곳으로 던지라(마22:13)'고 말씀하시는 장면이 나와요. 그 말씀에 기록이 된 것처럼 지옥은 정말 캄캄한 암흑과 어두움만 가득 차 있는 곳이었어요. 제가 느낄 때 지옥은 아무런 소망도 없는 그런 곳이었어요.

예수님은 성경 말씀에서 예수님을 믿지 않는 사람들과 죄를 지은 사람들을 일컬어 어두움의 사람들이라고 말하고 있어요. 실제로 그런 사람들의 마음은 온갖 어두움의 생각과 행동들로 가득 차 있는데, 그것은 바로 지옥이 어두움의 장소이며 빛이라고는 전혀 없기 때문에, 그런 사람들은 자신들이 알든 모르든 어두움만이 가득한 지옥의 영향을 받고 이 땅에서 살고 있는 거예요.

마귀와 그의 졸개인 귀신들은 지옥의 어두움 가운데 살고 있기 때문에, 그들이 생각하고 행동하는 모든 것이 바로 어두움에서 비롯되었어요. 마찬가지로 이 세상에 살면서 하나님을 알지 못하고 악한 귀신들에게 지배당하고 살고 있는 사람들의 삶도 하나같이 어두움의 일에 동참하고 있어요. 지옥에 있는 마귀와 귀신들에게는 하나님과는 정반대로 빛이나 밝음이 전혀 없었어요. 지옥에서의 어두움은 단순히 상징이나 상상이 아니라 구체적으로 빛이 전혀 없는 캄캄함으로 가득 차 있는 곳이었고 실로 무섭고 두려운 곳이었어요.

또 놀라웠던 건, 지옥에는 물이 전혀 없었고, 먹을 수 있는 음식도 전혀 찾아볼 수가 없었다는 거예요. 지옥에 있는 많은 사람이 타는 목마름으로 인해서 물을 달라고 그렇게 소리지르며 애원하고 부탁을 하고 있었지만, 지옥에서는 단 한 방울의 물도 볼 수 없었고 물이 있었던 흔적도 전혀 없었어요.

그리고 마실 수 있는 물 뿐만 아니라 음식도 전혀 없었어요. 제가 천국에서 예수님이 인도하신 천국의 식탁에 초대되어 거기 갔을 때 천국의 식탁에는 정말로 맛있고 다양한 음식들이 아주 화려하고 멋있게 또 풍성하게 차려져 있었어요. 천국에서 그 많은 음식을 보고 마음껏 제가 원하는 대로 먹을 수 있었던 것과는 정반대로 지옥에는 그 어떤 음식도 없었어요. 그렇기에 지옥에 갇혀 있던 사람들은 모두 다 허기가 져서 배고픔 속에서 고통

당하고 있었어요.

  천국에서는 금으로 만든 아주 푹신하고 포근한 침대가 저의 집에 있었지만, 지옥에서는 잠을 잘 수 있는 침대도 없었어요. 그렇기 때문에 사람들이 고통을 당하고 있으면서도 잠시도 쉴 수가 없었고, 휴식과 쉼이라는 것은 전혀 기대할 수도 없는 비참하고 무서운 곳이었어요.

  지옥의 넓은 공간에는 수많은 사람이 있었어요. 그 넓은 공간에는 사람들을 묶어 놓기 위한 수를 헤아릴 수 없을 정도로 많은 기둥들Poles이 여기저기에 세워져 있었어요. 지옥에 있는 사람들을 보니, 하나같이 두꺼운 철이나 쇠와 비슷한 것으로 만들어진 기둥에 움직이지 못하게 묶여 있었어요. 그리고 주변은 온통 뜨거운 불로 가득 차 있었어요. 마치 모든 것을 집어삼킬 것 같이 활활 타오르는 뜨거운 불은 결코 꺼질 줄을 몰랐고, 계속해서 타오르는 그 뜨거운 불로 인해서 지옥에 있는 모든 사람이 끊임없는 목마름에 절규하고 있었어요(막9:43).

  하지만 그런 처절한 절규에도 불구하고 지옥에 있는 그들에게 물 한 그릇이라도 주는 사람은 아무도 없었어요. 아니 한 모금의 물도 그곳에는 허락되지 않았고 오직 불 불 불. 영원히 꺼지지 않는 불만이 존재하는 곳. 그 곳이 바로 제가 본 지옥이었어요.

뜨거운 불만이 온통 지옥을 태우고 있었고 그 불은 거기에 있는 사람들을 더욱더 고통스럽게 만들었어요. 그런 지옥에 있는 것만으로도 너무나 무섭고 두려웠어요. 그렇게 지옥을 보고 있는 제가 두려워하고 있을 때, 예수님은 저의 무서워하는 마음을 다 아셨어요. 바로 그때 예수님은 저를 꼭 껴안아 주셨어요. 그러자 두렵고 무서웠던 느낌은 다 사라지고, 예수님이 곁에 계심에 대한 안도감으로 저의 마음은 다시 차분해졌어요.

2. 불균형한 귀신들

　예수님을 따라 내려간 지옥에서 저는 수많은 귀신들을 볼 수가 있었어요. 지옥에 있는 귀신들은 하나같이 어그러지고 이상하게 생겼어요. 제가 본 수많은 귀신들 가운데 어떤 한 귀신도 제대로 멋있게 생겼거나 균형 잡힌 귀신은 없었어요. 천국에 있는 천사의 멋있고 아름다운 모습과는 정반대의 흉측한 모습들이 바로 지옥에 있는 귀신들의 모습이었어요. 그들은 마치 그림을 전혀 그릴 줄 모르는 어린아이가 아무 종이에나 사람을 대충 그리다가 중간에 그만둔 것처럼, 그곳에 있던 귀신들의 모습은 아름다움이라고는 전혀 찾아볼 수 없는 불균형하고 정상적이지 않은, 이상하리만치 보기 흉한 모습을 하고 있었어요. 지옥에 있는 귀신들의 얼굴을 자세히 볼 수가 있었는데, 그 얼굴들은 너무나도 추한 모습이었어요. 한쪽 눈이 비뚤하면 다른 한쪽은 반쯤 뜬 것 같이 보였어요. 귀는 한쪽이 찢어져 있으면 다른 한쪽은 없었고, 입도 이상하게 비쭉거리고 있었어요. 심지어 콧구멍도 균형이 전혀 잡혀 있지 않았어요. 귀신의 몸을 보았는데, 팔도 한쪽은 없거나 이상하게 일그러져 있어서 정말 흉측해 보였어요. 정말 수많은 귀신이 그곳에 있었는데, 단 한 귀신도 제대로 균형이 잡혀 있는 모습이 없었고 모두 다 불균형한 상태였어요.

그런 추한 귀신들의 모습을 보는 것만으로도 기분이 좋지 않았는데, 더 싫었던 것은 그 귀신들로부터는 아주 역겹고 더러운 냄새들이 계속해서 나오는 것이었어요. 그들로부터 나오는 냄새는 너무나도 고약해서 숨을 쉬기 싫을 정도였어요. 이런 더럽고 역겨운 냄새들이 잠깐만 나오는 것이 아니라 계속해서 그들로부터 흘러나왔어요. 더 나아가 귀신들로부터 나오는 이 냄새들은 그들이 머물러 있는 온 지옥을 가득 덮고 있었고, 그렇게 어두움과 더럽고 역겨운 냄새가 나는 지옥에서 많은 사람이 고통 속에서 신음하고 있었어요.

　성경에 보면, 예수님이 앞을 볼 수 없는 장님들이나 몸이 불편한 앉은뱅이와 같은 장애인들을 고치고, 또 귀신들려 고통받는 사람들에게서 귀신들을 쫓아내는 장면들이 자주 등장하죠. 그런데 예수님이 귀신을 내쫓으실 때 그 귀신들을 일컬어 자주 '더러운 귀신들'이라고 지적을 하시는데(막1:26), 말씀처럼 정말 지옥에서 보았던 귀신들은 실제로 더럽고 추한 모습을 하고 있었어요. 하나같이 균형이 잡혀 있지 않아 불균형 하였고, 또 귀신들로부터는 차마 맡을 수도 없는 역겹고 더러운 냄새가 계속 풍겨지고 있었어요. 지옥에서 그들의 모습을 보게 되었을 때 정말 귀신들을 보는 것만으로도 소름이 끼치고 싫어졌고 불쾌하였어요.

　우리가 이 세상에서 예수님을 제대로 믿지 않고 자신들의 마음대로 사는 사람들의 모습을 보면, 스스로 깨닫고 있지 못하지만 모두 더러운 귀신들의 영향을 받으며 살고 있는 거예요. 사실 예수님을 모르는 사람들에게서 나오는 더러운 삶의 모습들 가령 거짓말, 음란한 동영상, 살인, 배신 등의 행위들은 바로 더러운 냄새를 풍기는 귀신들의 영향을 받아서 나오는 것이라고 생각해요. 천국이 예수님의 피로 말미암아 더러운 죄를 용서받아 깨끗한 사람들만 가는 곳이라면, 지옥은 여전히 자신들의 더러운 죄를 가지고서 살아가는 곳이에요. 제가 지옥에서 본 모습들은 정말 상상하기도 싫은 너무나도 더럽고 혐오스러운 모습들뿐이었어요.

3. 고통스럽게 고문을 당하다

그렇게 귀신을 보고 나서, 지옥에 있는 사람들을 보게 되었어요. 하나님의 인도를 받아 처음 천국 문에 이르렀을 때에 천국 문을 기어오르려고 하고 또 천국 문을 쾅쾅 두드리고 있던 많은 사람들이 지옥에 와 있었어요. 지옥에 있는 사람들은 하나같이 쇠같이 단단한 기둥에 꽁꽁 묶여 있었어요. 그곳에 있었던 사람들을 자세히 보게 되었는데, 모두 다 벌거벗었고 몸은 음식을 전혀 먹지 못해서 뼈만, 정말 뼈만 앙상하게 남아 있었어요. 너무나도 고통스럽게 묶여 있는 모습이었는데, 그들에게는 아무런 소망이나 희망이 없었어요. 주위에는 온통 불이 가득 차 있고 아울러 위에 언급한, 엄청나게 많은 더러운 귀신들이 그 사람을 둘러싸고 있었어요. 그런데 그들 주위를 둘러싸고 있는 귀신들은 쇠처럼 생긴 기둥에 묶여 있던 사람들을 잔인하게 고문하고 있었어요. 귀신들은 그 사람들이 이 땅에서 행했던 죄와 허물들을 그대로 그 사람에게 되갚아 주고 있었어요.

그 곳에 묶여 있는 한 사람이 고통당하는 모습을 자세히 보게 되었어요. 그 사람이 세상에서 어떤 잘못을 저질렀는지 정확하게 알 수는 없었지만, 귀신들로부터 당하는 고통을 보니 그 사람은 아마 이 세상에서 거짓말 하는 죄를 저질렀던 것 같았어요. 그런데 그를 둘러싸고 있던 수많은 귀신들은 그 사람이 이 세상에서 했던 바로 그 거짓말로 그에게 끊임없이 저주를 퍼부으며 괴롭히고 있었어요. 귀신의 저주를 듣는 것만으로도 그 사람이 정신적으로 엄청난 고통을 받고 있다는 것을 어렵지 않게 알 수 있었어요.

지옥에서도 천국과 마찬가지로 우리의 감각들이 이 세상에서보다 더 몇천 배 더 예민하게 반응하게 된대요. 그래서 그러한 저주들을 들을 때, 그 사람은 너무나도 큰 고통에 신음하며 괴로워하게 되는 거래요.

한 귀신이 그렇게 고문을 끝내고 나자, 다른 귀신이 나와서 이번에는 창 같은 것으로 그 사람을 찌르기 시작했어요. 그가 이 땅에서 어떤 잘못을 저질렀는지 제가 정확히 알 수는 없었지만, 다른 귀신은 그를 계속하여 창으로 찌르고 고문하기 시작했어요. 창에 찔릴 때마다 그는 엄청난 고통으로 비명을 질렀지만, 그에게 자비나 긍휼을 베푸는 이는 아무도 없었어요. 심지어 지옥에 저를 데리고 오신 예수님조차 그곳에서는 잠잠히 계실 뿐이었어요. 이렇게 한 귀신의 고문이 끝나면 다음 귀신이, 또 그다음 귀신이 쉬는 시간도 없이, 잠도 재우지 않고 계속해서 그를 고문하고 있었으며, 그 사람은 그러한 고문들로 인해 너무나도 힘들어 괴로워하고 있었어요.

쇠처럼 강한 기둥에 묶여 있는 또 다른 한 사람이 보였어요. 그는 이 땅에서 사람들을 괴롭히는 깡패였고, 자신보다 약하다고 생각하는 사람들을 많이 때렸던 사람인 것 같았어요. 놀랍게도 지옥에서는 그가 한 그대로, 아니 그것보다도 더 끔찍하게 그곳에 모여 있는 귀신들로부터 매를 맞고 있었어요.

그곳에 묶여 있던 사람들은 이 세상에서 그들이 행한 그대로 지옥에서 되갚음을 받았어요. 그곳 기둥에 꽁꽁 묶여 있던 사람들은 너무나도 많은 괴로움을 받고 있었어요. 그들은 지옥에서 귀신들로부터 가해지는 엄청난 고문들로 인해 신음하고 있었는데, 제가 볼 때 단 한 사람도 성하고 온전한 모습을 한 사람이 없었어요. 지옥에 있는 모든 사람은 마치 장애가 있는 사람처럼 보였는데, 그 사람들의 모습 역시 귀신들처럼 아주 흉하고 추하게 보였어요. 어떤 사람들은 귀신들의 괴롭힘으로 인해 눈이 뽑혀 있었고 귀나 입 등도 많이 찢어져서 상처가 나 있었어요. 지옥에서 고통받던 그 사람들의 고통이 너무나도 심했기 때문에 차라리 죽어서 모든 것이 끝이 났으면 좋겠다는 마음이 들었어요. 그러나 너무나도 안타깝고 무섭게도 지옥에서는 죽음이 없었기 때문에 계속하여 무시무시한 고통가운데 사람들이 머물러 있어야만 했어요. 정말 그들의 모습은 두 번 다시 상상하기 싫을 정도로 무섭고 추한 모습이어서 저도 모르게 제 옆에 계신 예수님을 꼭 붙들게 되었어요.

천국에서 이 세상으로 돌아온 후에도 이 일이 가끔 떠올라요. 그때마다, 정말 그 고문과 고통이 끝이 없이 영원하다고 생각하면 너무나도 끔찍하고 소름이 끼쳐요.

4. 지옥, 아무런 소망이 없다

이 땅에서 자신이 알고 저질렀든 또는 모르고 저질렀든, 지옥에서는 각 사람이 행한 그대로의 죗값을 받아야만 했어요. 예수님이 말씀하셨던, 영원히 활활 타오르는 뜨거운 불 속에서 사람들은 고통으로 신음하고 있었고, 그러한 고통 속에서 지옥에 속한 그들은 아무런 소망도 없는 어두운 곳에서 영원히 머물러야만 했어요.

칠흑 같은 어두움만 가득한 곳.
오로지 뜨거운 불만 계속해서 활활 타오르는 곳.
귀신들의 더럽고 역겨운 냄새가 끊임없이 흘러나와
좋든 싫든 그 냄새를 계속해서 맡아야 하는 곳.
그런 속에서 자신들의 죄의 댓가로 인해
끊임없이 고통과 고문을 당하는 곳.
계속해서 타오르는 목마름으로 인해 고통받는 곳.
단 한 모금의 물도 허용되지 않는 곳.
어떠한 자비와 긍휼도 주어지지 않는 곳.
더욱더 심각한 것은 이런 고통과 두려움 속에서
절대로 헤어나올 수가 없어 영원히 영원히
고통 가운데 머물러야 하는 곳.
잠시 잠깐의 고통이 아니라
100년 1000년 10000년도 아닌 영원.
끝이 보이지도 않는 곳에서 한없이 머물러야 하는
저주의 공간.

아무런 소망이나 가능성이 없는 곳.

그곳이 바로 지옥이었어요.
천국이 정말 하나님의 빛으로 말미암아 밝고 행복과 기쁨만이 가득한 곳이라면, 지옥에서는 칠흑 같은 어두움과 엄청난 고통, 그리고 잔인하고 무시무시한 저주들 가운데서 아무런 소망이나 가능성도 보이지 않았어요. 정말 이곳은 어떠한 일이 있어도 와서는 안 되는 곳이라는 것을 깊이 생각하게 되었어요.
주님과 함께 지옥에 갔을 때 우리는 구름 같은 것 위에 떠 있었어요. 다행히 우리는 발을 지옥에 딛고 있지는 않았어요. 예수님이 그 이유를 설명해 주셨는데,

"누구든지 지옥에 발을 디디고 있는 사람은 바로 지옥에 속한 자가 된다."

고 말씀하셨어요.
혹시 주변에 지옥을 가볍게 생각하고 있는 사람들이 있다면, 예수님을 믿는 우리가 그들에게 정말로 지옥의 실재함과 무서움을 진지하게 전해야 해요.
어린 제가 분명히 온몸으로 목격한 지옥은 그냥 목사

님들이나 그리스도인들이 예수님을 믿지 않는 사람들을 겁주려고 일부러 지어내거나 꾸며낸 곳이 아니었어요. 실제로 지옥은 존재하였고 지옥의 모습은 너무나도 처참하고 무섭고 두려워서 그 곳에 빠지는 사람들은 이 땅에서 아무리 잘 살고 또 똑똑하다 하더라도 정말로 저주받은 사람이라는 것을 깨닫게 되었어요.

지옥을 다녀온 후 참된 행복과 저주가 어떤 것인지를 깊이 생각하게 되었어요. 이 땅에서 아무리 예쁘고 똑똑하고 착해도, 또 가진 것이 많고 유명한 사람이라 할지라도 예수님을 주인으로 삼지 못하고 알지도 못하여 지옥에 빠질 수밖에 없는 사람들은 정말로 불행한 사람이고 저주받은 사람이에요. 반면, 이 세상에서 예쁘지도 않고 똑똑하지도 못하고 또 때로는 가난하다 할지라도, 예수님을 알고 예수님을 주인으로 모시고 살면서 장차 천국에 갈 수 있는 확실한 소망을 가진 사람은 정말로 행복하고 축복받은 사람이라는 것이었어요.

천국과 지옥.

그것은 너무나도 분명히 차이가 있는 곳이었어요. 한 곳은 어떠한 대가를 치르더라도 반드시 들어가야만 하는 곳이었고 다른 한 곳은 어떠한 위험과 어려움을 감수하고서라도 반드시 피해야 할 또 반드시 가지 말아야 할 곳이었어요.

천국은 단순한 선택의 문제가 아니라 이 세상에 있을 동안에 모든 것을 포기한다 하더라도, 생명을 걸어서 들어가야 할 곳임을 온몸으로 느끼게 되었어요.

M.K.
천국을 심다

Part 3
다시 돌아오다

이것은 너의 선택이란다
나를 믿고
행복과 즐거움이 가득한
천국으로 올 것인지
아니면 고통과 아픔만 있는
지옥으로 갈 것인지
너는 이미 천국을 보았다

-본문 중에서-

part 3
다시 돌아오다

1. 다른 시간

천국에서 얼마나 오랜 시간을 머물렀는지는 알 수 없지만, 이 땅에 다시 돌아왔을 때의 느낌은 정말 오랫동안 천국에 있었던 것 같았어요. 이 땅에서의 잠시, 아니 불과 몇 시간이 천국에서는 실제로 상당히 오랜 시간이었음을 어렵지 않게 깨달을 수 있었지요. 이 땅에서는 시 분 초가 있지만 사실 천국에는 시간이라는 개념이 전혀 없었으니, 이 땅의 시간과 천국의 시간을 비교하는 것 자체가 불가능할지도 모르죠. 그러나 천국에 머물렀던 동안 경험했던 많은 사건들이 제게는 너무나도 즐겁고 행복한 순간들이었기에 천국에서의 시간들은 너무나도 짧게 느껴졌어요.

우리가 이 땅에서 흥미롭고 재미있는 영화를 보거나 게임을 할 때면, 우리도 알지 못하는 사이에 그 시간들이 금방 지나가는 것처럼 느끼게 돼요. 반대로, 별로 관심이 없고 자신이 좋아하지 않는 일을 억지로 해야 한다거나, 또는 재미없는 영화를 본다면 쉽게 지루함을 느끼고 '왜 이렇게 시간이 빨리 지나가지 않지?'라고 생각하게 돼요. 이 세상에서의 일상생활 가운데 어떤 시간들은 우리의 기대와 흥분을 일으키기에 충분하여 그런 시간을 갖는 것이 정말 즐겁고 행복한 순간들이 있어요. 하지만, 일상에서 경험하거나 해야 하는 일들의 대부분은 사실 우리의 흥미를 끌기에 부족하여 그 일들을 하는데 너무 지루함을 느끼게 돼요. 그래서 어떤 사람들은 흔히들 '세상에서 살맛이 안 난다'라고 말하고는 해요. 그런데 천국에서의 삶은 이 세상에서의 삶과 너무나도 달라서 모든 순간순간이 너무나도 즐겁고 흥미 있는 일들의 연속이었어요. 정말 천국에 있었을 동안에는 시간이 가는 것을 완전히 잊어버렸을 뿐 아니라 그 시간 자체에 대해서도 전혀 생각하지 않게 되었어요.

어떤 사람들은 혼자 상상하기를 '천국에 가면 매일 예배만 드리는데 뭐가 그리 재미있고 즐거울까'라고 생각할지도 모르겠어요. 사실 천국에서의 삶은 어떤 이들이 상상하고 추측하고 있는 그런 재미없고 따분한 삶이 아니었어요. 물론 하나님께 예배하는 시간이 있어요. 그런데 그 예배하는 시간조차도 너무나도 재미있고 흥분이 넘치는 시간이었어요. 천국에서의 예배 시간에는 천사들과 또 천국에 올라온 모든 사람이 함께 예배를 하는데 이 땅에서의 예배와 달리 살아 있고 역동적인 예배를 드리게 돼요. 눈앞에 생생하게 살아계셔서 우리의 예배를 받으시는 하나님과 예수님 그리고 그 장엄한 보좌에 계시는 주님께 영광을 돌리는 시간을 가지기 때문에, 우리가 예배하는 매 순간이 너무나도 즐겁고 기쁨이 가득 넘치는 것을 경험할 수 있어요. 우리가 천국에서 드리는 예배 시간은 천국의 모든 사람이 매 순간 새로워지고 하나님이 주시는 천국에서의 빛으로 가득 채워지는 시간들이에요. 그렇기 때문에 지루하거나 무미건조하고 또 따분한 그런 시간이 전혀 아니었어요. 오히려 예배를 드리면 드릴수록 더욱더 기쁨과 행복이 가득함을 느낄 수 있었어요. 그렇기에 천국에서의 예배는 모든 사람이 함께 즐거워하고 기뻐하는 정말 흥분되고 놀라운 순간들이에요. 뿐만 아니라 천국에서는 예배를 드리는 시간 외에도 다른 여러 가지 많은 일들을 할 수 있어요. 자신의 집에서 정원을 아름답게 가꾸거나 자신들이 좋아하는 동물을 기른다거나 또는 음악을 연주하거나 글을 적는다든지 하는 다양한 일을 할 수 있었어요. 뿐만 아니라, 교제하고 싶은 사람들을 만나서 함께 대화를 나누는 등의 많은 즐거운 시간들을 계속 보낼 수 있는 곳이 바로 천국이었어요.

천국은 저를 정말 흥분되고 흥미롭게 만들기에 충분했어요. 그러한 천국의 삶이 너무나도 좋았기에 하나님이 저를 다시 이 세상으로 내려보낸다고 말씀하셨을 때, 저는 천국의 생활이 너무나도 아쉬워 하나님께 여기 더 있게 해 달라고 또 여기서 살게 해 달라고 조를 수밖에 없었어요. 정말 천국에 오기를 간절히 사모할 수밖에 없는 이유는 천국에는 온통 즐겁고 흥미로운 일들이 너무나도 많았기 때문이에요.

예수님의 제자였던 바울 선생님도 복음을 전하다가 천국을 경험하시고 난 후에 고백하기를 이 세상을 떠나 천국에 빨리 들어가는 것이 더 좋다고, 또 할 수만 있으면 천국에 빨리 들어가고 싶다고 말씀하셨어요. 물론 예수님의 복음을 위해서 마지막 죽음의 순간까지 수고하고 애쓰신 후에 결국 순교를 하셨지만, 한편으로 저는 바울 선생님이 고백하셨던 그 마음을 충분히 이해할 수 있어요. 정말 천국은 누구든지 한 번 경험하고 나면 떠나오기 싫을 정도로 너무나 즐겁고 좋은 곳이에요. 그곳에서는 우리가 완전히 새로운 사람으로 변화되어져서 이 세상에서 사는 삶과는 전혀 다른 삶을 살기 때문에, 천국에 온 모든 사람들은 그 곳을 떠나기 싫어하고 오히려 그곳에서 영원히 살기를 원하죠.

반면 지옥에서의 삶은 너무나도 고통스럽고 아픔과 저주만이 가득한 곳이었기에 정말 생각조차하기 싫은 곳이었고, 단 일초도 그곳에 머무르고 싶지 않은 마음이 드는 곳이었어요. 그런데 그런 무시무시한 지옥에서 영원히 살아야 한다는 것 자체가 그야말로 저주요 슬픈 일이 아닐 수 없었어요.

성경이 말씀하시는 것처럼, 천년이 하루 같고 하루가 천년과 같은 시간 개념이 바로 천국과 이 세상의 차이였어요. 우리가 이 땅에 태어나서 약 100년을 살면 정말 오래 산다고 생각하지만, 사실 천국에서의 시간에 비하면 정말 잠깐의 순간이 아닐 수 없어요. 이 세상은 잠깐 지나가지만 천국은 영원히 사는 곳이기에...

2. 너의 선택이란다

지옥을 경험하고 난 후에, 예수님과 나는 다시 천국으로 돌아왔어요. 지옥이 너무나도 무섭고 두려운 곳이었기에, 저는 예수님께 왜 저를 지옥으로 데려가셨는지 여쭈어보았어요.

천국과 지옥을 다녀올 당시 저는 아직 아홉 살밖에 되지 않은 어린 나이였기에, 아빠가 목사님이었음에도 불구하고 정말 천국과 지옥이 실제로 있는지 또 내가 구원받았는지에 대한 분명한 확신이 없었어요. 집에서 매일 저녁이면 온 가족이 함께 모여 기도도 하고 성경책을 읽고 또 매 주일이면 어김없이 좋든 싫든 교회에 가서 예배를 드려야만 했어요. 예배 후에는 교회에 오신 다른 성도님들과 함께 식사도 하며 또 성경 공부도 했지만, 어린 저의 마음에는 정말 천국과 지옥에 대한 분명한 확신이 없었어요. 천국에 다시 돌아온 저에게 예수님이 말씀하셨어요.

"이것은 너의 선택이란다. 나를 믿고 행복과 즐거움이 가득한 천국으로 올 것인지 아니면 고통과 아픔만 있는 지옥으로 갈 것인지. 너는 이미 천국과 지옥을 보았다."

맞아요. 예수님이 천국과 지옥을 보여주신 이유는 바로 천국과 지옥이 있음을 분명히 알고 믿게 하기 위함이었으며, 동시에 그 선택은 내가 해야 할 몫이었어요. 이미 천국과 지옥을 생생하게 경험한 제가 이런 상황에서 어떻게 천국을 선택하지 않을 수 있으며, 참 아빠인 하나님과 사랑하는 예수님을 버리고 어찌 그분을 모른다고 말할 수 있겠어요? 저는 당연히 제 마음속으로 반드시 천국에 다시 돌아갈 것이라고, 또 이 세상에 돌아가면 예수님만을 믿고 살 것이라고 굳게 다짐했어요.

이 땅으로 다시 돌아오기 전에 주님은 저에게 말씀하셨어요.

"나를 믿고, 나만 경배하거라. 아빠 엄마에게 순종하고 언니를 사랑하거라."

그리고 다음과 같은 중요한 말씀을 하셨어요.

"나는 네가 저곳에 내려가서 죄를 지을 것을 안다. 왜냐하면 여기에 네가 있지 않기 때문이지. 그러나 그럴 때마다 죄를 고백하거라. 그러면 네 죄는 다 없어질 것이다. 왜냐하면 네가 나를 믿기 때문이란다."

또 다른 실제적인 말씀도 하셨어요.

"만약 네가 다시 땅으로 되돌아가면, 너는 아주 작은 집에서 살 수도 있단다. 또 너는 어려움과 아픔을 겪을 수도 있단다. 심지어 너의 부모님 때문에 어려움을 당할 수도 있단다. 그러나 불평하지 말아라. 너의 삶에 감사하거라."

그 후에 예수님은 나에게 소망과 위로가 되는 말씀도 하셨어요.

"네가 작은 집에 산다고 누가 너를 나에게서 끊겠느냐? 누가 너를 괴롭힌다고 너를 나에게서 끊겠느냐? 너는 나의 딸이란다. 나의 공주란다. 이 천국에는 아주 큰 너의 집이 있단다. 너를 괴롭히는 사람들이 있더라도 그들 때문에 마음을 아파하지 말고 나에게 마음을 두어라. 먼저 나에게 오너라. 내게 와서 이야기하거라. 내가 너에게 평안한 마음을 주리라. 그들이 계속 너를 힘들게 하면 부모님께 알리거라."

예수님은 저에게 세상에서 살아갈 동안에, 친구나 다

른 사람들로부터 어려움과 괴롭힘을 당하더라도 오직 예수님만 의지하라고, 또 예수님께만 마음을 기울이라고 말씀하셨어요. 그 순간 하나님은 나의 팔을 잡으시고 저에게 말씀하셨어요.

"다시 내려갈 준비가 되었니?"

"하나님! 전 내려가기 싫어요!"

마치 갓난아기가 엄마의 젖을 먹기 위해 필사적으로 우는 것처럼 그렇게 애원하는 마음으로 하나님께 대답했어요. 그 순간 하나님은 다시 저에게 다정하게 말씀하셨어요.

"언젠가 내가 너를 데리고 속히 이 천국에 다시 올 것이다."

주님이 마지막으로 말씀하셨어요.

"내가 너와 함께 할 것이다. 내가 네 안에 있을 것이다. 이제는 내려가야 할 때다."

저는 천국이 너무나도 좋았기 때문에 이 세상에 내려오기가 싫었어요. 그래서 주님께 간절히 애원하며 말했어요.

"주님 저는 지금 여기에 있고 싶어요. 여기 있게 해주세요."

"아니. 아직은 너의 때가 아니란다. 너는 아직 어리단다. 내가 언젠가 너를 다시 데리러 올 것이다."

주님이 마지막 작별인사를 하셨어요.

"이제는 우리가 헤어져야 한다."

그 말을 듣는데 너무나도 슬펐어요. 천국을 떠나 다시 이 세상으로 내려가야 한다고 생각하니 마음이 무척 아팠어요. 물론 이 땅에는 사랑하는 아빠 엄마 그리고 언니와 여러 교회 친구들이 있지만, 천국에서 누렸던 그 기쁨과 행복은 이 세상의 어떤 것과도 비교할 수도 없고 또 바꿀 수도 없는 소중한 것임을 알았기에 정말 천국을 떠나기 싫었어요. 할 수만 있다면 영원히 천국에서 예수님과 함께 살고 싶었어요. 정말 천국에는 슬픔이나 눈물도 없고 또 엄마 아빠의 꾸중이나 숙제나 시험 같은 것도 없으니까요.

오히려 그곳에는 참된 기쁨, 행복과 만족만이 가득하고 무엇보다도 참 아빠이신 하나님과 사랑하는 예수님과 영원히 함께 살 수 있기 때문이죠. 그럼에도 불구하고 예수님은 저에게

"실망하지 말고 내려가서 착하고 신실한 사람이 되어라"

라고 말씀하셨어요.
천국에 있을 동안에 저는 하나님과 예수님을 모두 다섯 번 포옹 했어요. 마지막 헤어지기 전에도 하나님은 저를 포옹해 주셨어요.
처음 하나님이 저를 천국으로 데리고 가실 때처럼 하나님은 저의 팔을 다시 붙잡으시고 친히 말씀하셨어요.

"내려갈 준비가 되었니?"

즉시로 하나님이 저를 내려보내셨어요. 그때 얼굴을 돌려 하나님을 보았을 때 하나님의 얼굴은 여전히 너무 밝아서 제대로 그분의 얼굴을 쳐다볼 수가 없었어요. 곧바로 천국 문을 보았고 그 문 역시 무척이나 밝았어요. 그와 더불어 제 몸은 천국 문밖으로 나와서 이 땅에 돌아오게 되었어요. 제가 다시 이 땅으로 내려왔을 때, 천국에서 입고 있었던 새하얀 드레스는 없어졌고, 교회에서 기도회 할 동안에 입고 있었던 보라색 셔츠와 분홍색 바지를 다시 입고 있었어요.

3. 한없이 울다

 기도회가 거의 끝나가고 있었어요. 천국에서 돌아왔을 때 대부분의 아이들은 기도를 끝내고 옹기종기 모여 앉아 있었어요. 천국에서 이 땅에 다시 돌아왔는데, 저도 모르게 눈에서는 눈물이 계속 흐르고 있었어요. 옆에서 같이 기도하고 있던 친구가 저를 보면서 말했어요.

 "하나님을 만났어……"

 그 친구가 그 말을 하자마자 저도 모르게 울기 시작했어요.

 '하·나·님……'

 그 단어를 듣자마자 갑자기 나의 눈물보가 터져 버렸어요. 마치 폭포수가 계속해서 흘러내리듯 주체할 수 없는 눈물이 흘렀어요. 너무나도 많이 예수님을 다시 보고 싶었어요.

 '하·나·님'

'예·수·님'

그 단어만 부르거나 듣기만 해도 눈물이 계속해서 뺨을 타고 흘러내렸어요. 그때 주변에서 우리의 울음소리를 들으신 교회 선생님이 우리에게 다가오셨어요.

"엘렌! 집에 가서 엄마 보고 싶니?"

선생님은 우리가 마치 어린아이들이 자기를 돌봐주는 엄마가 한동안 곁에 없을 때 엄마가 보고 싶고 그리워서 우는 것처럼 오해를 하고 계셨어요.

"아니예요. 천국에서 예수님을 보았어요"

끊임없는 눈물이 흘렀어요. 심지어 그 다음날도 계속해서. 하는 수 없이 화장실에 가서 세수를 하고 티슈로 얼굴을 깨끗하게 닦았음에도 계속해서 흐르던 눈물은 그칠 줄을 몰랐어요. 식사시간에 식사를 할 때도 예수님만 생각하면 제대로 밥을 먹을 수 없을 정도로 눈물이 흘렀어요.
그 다음날 우리는 성찬식을 했어요. 그런데 그 성찬식

을 하는 도중에도 하염없이 눈물이 났어요. 예수님이 우리의 죄를 위해 죽으시기 전날 밤에 제자들과 함께하셨던 초라한 성찬식은 천국에서의 풍성한 식탁과는 비교할 바가 아니었지만, 우리를 위해 친히 고통당하실 것을 미리 아시고 십자가에서 고난 당하셨던 예수님을 생각하면 또다시 눈물이 저도 모르게 주르륵 뺨을 타고 흘러내리고 있었어요. 성찬식을 하는데 천국에서 예수님과 함께 했던 식사시간이 또다시 생각이 났어요. 그 때를 생각하니 예수님이 다시 보고 싶어져서 저도 모르게 눈에서 눈물이 주르륵 흘렀어요.

다음 날 저녁, 선생님들이 우리 학생들의 발을 씻겨주시는 세족식을 했어요. 세족식을 하는 동안 천국에서 본 예수님의 발이 생각났어요. 발에 못 박히셨던 흔적이 분명히 있었던 예수님의 구멍 난 발이 생각이 났어요. 그것을 생각하니 잠시동안 멈추었던 눈물이 또다시 주체할 수 없이 흐르기 시작했어요.

모임이 거의 끝나가는 마지막 날에, 선생님들과 친구들이 함께 하얀 종이에 하나님께 보내는 편지를 써서 풍선에 날려 보내는 시간을 가졌어요. 편지지에 '예수님을 정말 다시 보고 싶다'고, 또 '천국에 다시 돌아가고 싶다'고 적었어요. 그리고 마음속으로 하나님께 간절히 기도했어요.

"하나님. 이것 보시고 다시 천국으로 데려다 주세요. 다시 천국에 가고 싶어요."

"그래 내가 곧 너를 다시 데리러 올께."

마음속에 잔잔한 하나님의 음성이 응답으로 들려왔어요.

4. 예수님을 위해 살다

저의 나이 열 한 살. 천국 방문 후 2년 정도의 시간이 흘렀어요. 아빠 엄마가 웩WEC International이라는 국제 선교단체를 통해서 선교사로서 태국으로 선교를 하러 나가실 때, 저는 그곳이 어디에 있는지 또 그곳에서의 생활이 어떠할지 전혀 알지 못했어요. 마냥 '다른 나라에 가서 살 수 있으니까, 또 다른 많은 경험을 할 수 있으니 좋겠다'라는 막연한 생각을 할 뿐이었어요.

늘 가까이에서 아낌없이 사랑해 주시고 뭐든지 부탁하면 다 들어 주시던 사랑하는 할머니, 할아버지 그리고 늘 나와 언니를 웃게 해 주시던 하나뿐인 사랑하는 삼촌을 떠나야 하는 아픔도, 그동안 학교와 교회를 다니면서 사귀었던 친한 친구들과 선생님들 그리고 교회 전도사님들과의 헤어짐도 또 미국에서의 편안하고 좋은 많은 것들과의 작별도 미처 생각하지 못하였어요.

'그저 다른 나라에 가서 살 수 있구나'하는 막연한 생각과 기대감 속에서 아빠, 엄마와 언니랑 함께 비행기를 타고 한 번도 가보지 못했던 머나먼 다른 나라로 옮겨가 살게 되었어요.

막상 와 보니 우리 가족이 와 있는 곳은 태국에서도 조그마한 도시라서 제가 다닐 수 있는 제대로 된 학교가 없었어요. 만약 제가 원하는 학교를 가려면 아빠 엄마랑 멀리 떨어져 있어야만 하고 또 어린 열 한 살의 나이에 모든 것을 스스로 다 해결해야 하는 어려움도 있었어요. 할 수 없이 집에서 아빠 엄마랑 홈스쿨링을 하지만, 주변에 함께 이야기하고 같이 놀 수 있는 친구가 없어서 외로웠어요.

저는 어렸을 때부터 사람을 무척 좋아했어요. 그래서 어른이나 아이들이나 가릴 것 없이 사람들과 스스럼없이 이야기하고 함께 놀며 지내는 것을 무척 좋아했어요. 그런데 이런 저의 성격과는 정반대로 이곳 딱Tak에서는 친구들도, 또 주변에 같이 뛰어놀 사람도 많지 않았어요. 간혹 모임이 있어서 다른 선교사님들을 만나고, 또 가끔 다른 나라에서 단기로 며칠 동안 이곳을 방문하는 사람들이 있긴 하지만, 이런 만남들이 저의 외로운 마음을 다 채워주지는 못했어요. 이러한 것들이 바로 저와 같은 선교사 자녀들이 겪어야 하는 어려움이라는 걸 느껴요.

열한 살인 초등학교 5학년 중간에 미국에서의 학교를 그만두고 선교지에 들어오게 되었어요. 사실 처음 선교지에 온 가족이 함께 왔을 때는 제가 아홉 살 때 경험했던 천국에 대해서는 그렇게 많이 생각하지 못했어요. 선교지에서의 낯선 환경에 적응하기 위해 정말 바쁘게 생활해야 했기 때문에 미처 천국에서의 그 아름답고 즐거운 경험들을 깊이 생각할 수가 없었어요. 그런데 점차 낯선 선교지에서의 삶에 조금씩 익숙해지기 시작하자 미국에 있던 친구들이나 가족들이 그리워지기 시작했어요. 더군다나 지금처럼 혼자 홈스쿨링을 하고 있을 때는 그런 그리움이 더욱더 커지죠. 그렇게 그리움이 커질 때마다 천국에서의 경험들이 가끔 생각나요.

아홉 살밖에 되지 않은 어린 나이인 저에게 천국을 보여주신 하나님은, 아마 제가 지금과 같은 이러한 외롭고 힘든 환경에 부딪힐 것을 미리 아시고, 제가 힘들고 어려울 때 제 곁에서 위로하시고 힘을 주시기 위해서 이런 경험을 하게 하시지 않았나 생각해요.

주변에 사귈 친구가 없어 외롭고 힘들 때, 예수님과 함께했던 천국에서의 경험들을 다시 생각나게 하세요. 그러면 그러한 경험들이 저에게는 큰 힘이 되죠. 아울러 천국과 지옥에서의 경험은, 아빠 엄마가 늘 말씀하시듯이, 예수님을 위해 사는 삶이 이 땅에서 가장 소중하고 아름다운 것이라는 것을 깊이 생각하게 해요.

홈스쿨링을 하면서 중간중간에 아빠와 엄마를 따라 사역을 위해 태국 여기저기를 여행하다 보면, 정말 큰 절들과 스님들 그리고 우상들을 너무나도 많이 볼 수 있어요. 특별히 도시를 벗어나 시골 지역으로 갈수록 많은 절들과 우상들을 어렵지 않게 보게 되지요. 태국사람들은 큰 건물이나 자신들 집 앞에 귀신의 집spirit house을 세워놓고 매일 아침 그곳에 음식을 갖다 놓고 그것들을 섬겨요. 또한 집을 드나들 때마다 그 귀신의 집에 절하면서 자신들을 잘 돌보아 달라고 빌곤 하지요. 자신들이 세워놓은 우상들이나 귀신의 집이 걷거나 말도 하지 못하는데 마치 그것들이 자신들을 안전하게 지켜 줄 것처럼 또 그것들이 마치 자신들을 천국으로 인도해 줄 것처럼 그렇게 믿고 살고 있어요.

그들을 생각할 때마다 내가 만난 예수님 그리고 내가 다녀온 천국을 그들에게 알려야겠다고 생각해요. 천국과 지옥이 있다는 이 사실은 너무나도 생생하고 분명하여 부인할 수 없는 진리이기 때문이에요. 그렇기에 이 세상에서 예수님을 전하는 일이, 땅끝까지 이 귀한 천국 복음을 전하는 일이 우리 그리스도인이 해야 할 무엇보다도 중요한 일임을 깨달아요. 이 일에 나의 생명을 드리기 원합니다.

M.K.
천국을 심다

Part 4
천국의 씨앗으로 심다

사랑스런 아이
주의 품에 안기다

Beloved child of God
embraced in His Arms

part 4
천국의 씨앗으로 심다

1. 갑작스레 부르시다

 저희 부부가 소속된 단체인 태국 웩 선교회WEC Thailand의 정책을 따라 잠시 동안의 치앙마이 생활을 정리하고 난 후, 또 다른 지역으로 이동을 해야만 했을 때, 은이는 딱Tak과 콩윌라이Khongwillai에서 친구도 없이 홀로 2년 6개월 동안 홈스쿨링을 해야만 했습니다. 영어가 전혀 통하지 않는 태국 현지인들이 주류를 이루고 있는 태국 내륙의 중북부 지역으로 사역을 위해 옮겨야 했기 때문에 그 지역에서는 은이가 다닐 수 있는 마땅한 학교를 찾을 수가 없었습니다. 치앙마이에서의 7개월의 생활에 이어, 시골 지역으로 내려온 후 은이는 계속하여 치앙마이에서 하던 대로 혼자 홈스쿨링을 해야 했습니다.

아빠 엄마가 선생님이 되어 매일 집에서 은이를 가르치게 되었지만, 본성이 아주 쾌활하고 밝은, 그야말로 친구를 좋아하고 다른 사람들과 사귀기를 무척이나 즐겨하는 열 한 살의 여자아이가 홀로 시골에서 홈스쿨링을 하는 일은 결코 쉽지 않았습니다. 그럼에도 불구하고 천성적으로 웃음이 얼굴에서 끊이지 않았던 낙천적인 성격의 아이였기에 그렇게 홈스쿨링을 하면서도 늘 밝게 웃고 매사를 즐거워하는 긍정적인 성품을 이어갔습니다.

그렇게 만 2년 6개월의 홈스쿨링을 끝으로 치앙마이에 있는 그레이스 국제 학교Grace International School에 들어갈 수 있다는 입학 허가서를 받았을 때, 은이는 하늘을 날 듯 무척이나 기뻐하며 행복해하였습니다. 그레이스 국제학교는 선교사 자녀들의 교육을 위해 세워진 학교입니다. 여러 가지 이유로 은이가 웩WEC이 운영하는 기숙사에는 들어가지 못했지만, 그래도 한인 선교사님이 운영하시는 다른 기숙사에 들어가게 되었고, 그곳에서 열세 살의 나이로 8학년의 새로운 삶을 시작하게 되었습니다.

미국에서 태어나서 미국과 태국에서만 살아본 은이에게는 한인 기숙사에서 한국어와 한국문화를 이해하고 적응하며 생활하는데 조금의 어려움이 있었습니다. 하지만 기숙사 부모님들의 헌신적인 돌봄 덕분에 나름대로 잘 적응해가고 있었습니다. 학교생활도 은이의 성격 그대로 들어간 지 얼마 지나지 않아 여러 친구를 사귀었고, 그 친구들과 함께 친하게 지내며 학교에 조금씩 익숙해져 가고 있었습니다. 그렇게 약 한 학기 정도의 학교생활을 마무리한 후 12월 크리스마스 방학을 맞이하여 다시 저희 부부가 사역하고 있는 콩윌라이 지역으로 내려와서 부모님과 함께 지내면서 즐거운 시간을 보냈습니다. 부모님과 함께 보내는 동안, 구약 성경의 창세기에 있는 요셉에 대해 말씀을 배우며 묵상하는 시간을 매일 가지게 되었는데, 그 짧은 방학 동안 은이는 새로운 8학년 2학기를 준비하면서 마음을 새롭게 하고 결단하며 기도하는 시간을 갖게 되었습니다.

그렇게 은이가 약 3주 동안의 방학을 마치고 난 후, 자동차로 약 다섯 시간 반 정도 떨어져 있는 치앙마이로 다시 학업을 위해 올라가게 되었고, 1월 초에 2018년도 2학기가 시작되었습니다. 때마침 다가오는 1월 21일이 은이가 열네 번째 맞이하는 생일이라 저희 부부는 막내

딸인 은이의 생일을 축하해 주기 위해, 그리고 은이와 저희 가족들을 위한 가족 상담 등을 위해서 한 주 정도 일찍 치앙마이에 올라가서 은이가 생활하고 있는 기숙사 근처에서 멀지 않은 선교사를 위한 게스트룸에 머물게 되었습니다.

은이에게는 미리 알리지 않고 올라간 비밀스런 방문이었기에 아빠 엄마가 치앙마이에 올라와 있다는 소식을 들은 은이는 너무나도 기뻐하며 좋아했습니다. 학교를 마치고 방과 후에는 매일 엄마 아빠가 머물고 있던 게스트룸에 와서 함께 저녁 식사를 하고 숙제도 하며, 또 가족이 함께 모이면 늘 같이 드리던 가정 예배도 드린 후에, 근처에 있는 기숙사로 다시 돌아가 잠을 자고 그다음 날 아침 일찍 학교에 가게 되었습니다.

그렇게 며칠을 보낸 후 금요일 오후, 은이가 아빠 엄마와 함께 가족 상담이 예정되어 있어서 한 시간 정도의 상담을 받은 후, 오랜만에 치앙마이에서 맛있는 식사를 하기 위해 근처의 식당을 갔습니다. 식사 도중에 갑자기 은이가

"아빠! 저는 아빠가 너무 좋아요! 엄마는 당연하구요!"

라고 고백하는 것이었습니다.

평소 같으면

"난 아빠보다 엄마가 훨씬 좋아요. 아빠는 응... 좀..."

이라고 장난스레 말하던 아이가 그 날은 아주 진지하게 고백을 했습니다. 그러나, 아빠는 그것이 마음을 담아 아빠에게 전하는 은이의 마지막 작별인사라는 것을 미처 알지 못했습니다. 그렇게 금요일 저녁을 함께한 후 아빠 엄마가 머물고 있던 게스트하우스에 돌아와서 평안하게 잠을 청하게 되었습니다.

그다음 날인 토요일 오전도 평소처럼 근처 교회에서 운영하는 토요 한글학교를 다녀오고 난 후, 평소에 잘 알고 지내던 언니와 함께 즐거운 토요일 오후 시간을 보냈습니다. 그 뒤 게스트하우스로 돌아와서 아빠 엄마와 다음 주 토요일 자신의 열네 번째 생일을 맞이하여 무엇을 할 것인지에 관해 즐겁게 이런저런 대화를 나누고, 엄마 아빠의 방 옆에 있는 자신의 방으로 들어갔습니다. 때마침 그 날이 토요일이고 굳이 기숙사에 돌아가지 않아도 되었기 때문에 금요일 오후부터는 아빠 엄마랑 게스트하우스에서 함께 머물렀습니다.

잠자리에 들기 전까지 자신의 방에서 엄마와 같이 이런저런 재미있는 대화를 나누었고, 잠이 들기 전 미국에 있는 린이 언니와 통화를 했습니다.

자매들이 흔히 그렇듯 이런저런 이야기를 재잘거리며 서로 통화를 하는데 마지막 언니에게 대화를 마무리하며 마지막 메시지를 전합니다.

"언니, 난 언니를 사랑해. Unnie, I love you."

이 대화가 언니를 향한 마지막 작별인사일 것이라고는 전혀 상상하지 못했지만, 그렇게 언니랑 작별인사를 하고 나서 잠자리에 들었습니다.

1월 14일 주일 새벽 한 시 반 경.

갑작스레 은이가 잠에서 깨어 두 손을 가슴에 묻고서 아픔을 호소하며 옆방에 있던 저희 부부에게 걸어왔습니다.

"아빠! 숨을 쉴 수가 없어요. 숨쉬기가 너무 힘들어요!"

너무나도 당황스러웠지만, 평소에 앓고 있던 천식이 왔으리라 생각한 아빠는 은이에게 평상시에 하던 대로 천식 호흡기Nebulizer를 이용해 아이의 호흡을 완화시켜 주려고 애썼습니다. 보통 그 천식 호흡기를 3번 정도 실시하면, 거짓말처럼 호흡하는 것이 깨끗하게 회복되어 정상적으로 돌아왔기 때문에, 우리가 처한 상황이 그렇게 심각한 것이라고는 전혀 생각하지 못했습니다.

그런데 이번 경우에는 엄마가 간절히 울부짖으며 방언으로 기도하면서 열 손가락과 열 발가락에서 피를 뽑는 사혈을 하였지만 안타깝게도 전혀 차도가 없었고 증세는 오히려 더 악화되었습니다. 급하게 응급차를 부른 뒤 여전히 호흡을 제대로 하지 못하는 은이를 아빠가 안고서 기도하면서 계속하여 천식 호흡기에 응급약을 투여하면서 호흡이 제대로 돌아올 수 있도록 도와주고 있었습니다. 그렇게 긴박하게 응급조치를 취하며 아이가 다시 호흡을 찾을 수 있도록 갖은 노력을 다하였지만, 엄마 아빠의 기대와는 반대로 은이는 서서히 온몸에서 힘이 빠지면서 점점 의식을 잃어가고 있었습니다. 불과 몇 시간 전 잠자리에 들 때까지만 해도 홍조를 띄고 있던 은이의 얼굴 색깔이 불과 몇 분 만에 점점 보랏빛으로 변해 갔습니다. 그 변해 가고 있는 얼굴 색깔에 너무나도 당황하였지만 그럼에도 아이에 대한 끈을 놓을 수 없었기에 아이의 회복을 위해서 울면서 계속하여 조치를 취하였습니다. 그러나 한 번 보랏빛으로 변한 아이의 얼굴은 다시 돌아오지 않았습니다. 호흡이 멎은 아이를 누인 채 아빠는 입술을 대고 급히 인공호흡을 실시했습니다. 여러 번의 인공호흡을 통해 아이의 폐 속에 계속해서 산소를 넣으려고 시도를 했던 그 수고는 안타깝게도 한 번 보랏빛으로 변한 아이의 얼굴빛을 회복하는데 아무런 도움이 되지 못했습니다. 그런 급박한 일이 있은 지 불과 20-30분 만에 은이는 너무나도 안타깝게도 의식을 잃고 말았습니다. 그 후에 응급차가 도착했고 급하게 응급차에서 내려 방으로 들어온 여러 명의 응급처치요원들이 방에 누워 있는 은이에게 이러 저러한 응급조치를 취하기 시작하였습니다. 응급요원들이 아이에게 여러 가지 응급조치와 CPR을 실시하고, 또 최후의 수단으로 전기 충격기를 이용해서 아이를 깨우려고 애를 썼지만, 한 번 의식을 잃은 은이는 깨어나지 못했습니다.

 은이의 상태가 너무나도 위급한 것을 깨달은 응급요원들은 아이를 병원으로 데리고 가는 것이 더 좋겠다는 판단을 한 후 은이를 급히 응급차에 싣고서 가까운 병원 응급실로 갔습니다. 마침 거기에서 대기하고 있던 담당

의사를 비롯한 또 다른 응급 의료팀이 계속하여 응급조치를 취했지만, 여전히 은이는 깨어나지 못했고 병원 침실에 누워 있던 은이는 안타깝게도 이 땅에서의 마지막 숨을 그렇게 거두고 말았습니다.

너무나도 갑작스러운 죽음 앞에 아빠 엄마는 망연자실했고, 한동안은 그 사실을 전혀 믿을 수 없었습니다.

"불과 몇 시간 전만 해도 생기발랄하게 엄마랑 이야기하고, 또 미국에 있는 언니와도 전화로 재잘거리며 대화를 나누었던 아이가 지금 병원 응급실에 누워 있다니!"

도저히 부모로서는 믿을 수 없는 상황이었습니다. 엄마 아빠의 마음을 아는지 모르는지 병원 응급실의 침대 한쪽에 가지런히 누워 있는 은이의 모습은 숨을 거둔 모습이 전혀 아니었습니다. 비록 차디찬 병원 침대에 누워 있지만 은이의 얼굴을 보았을 때, 평소처럼 너무나도 평온하게 잠들어 있는 모습이었기에 마치 깨우면 금방이라도 일어날 것 같은 마음이 들었습니다. 몇 번이나 엄마가 아이의 몸을 흔들며 일방적인 대화를 이어갔습니다.

"허은아 일어나! 우리 집에 가야지! 허은아 여기서 계속 자고 있으면 어떡해! 집에 가서 자야지! 빨리 일어나! 집에 가자! 집에 가자!"

주체할 수 없이 흐르는 눈물을 다 닦지도 못한 채, 계속하여 아빠 엄마는 병원 침대에서 마치 평온하게 잠자고 있는 듯, 아무 움직임도 없는 아이의 이름을 부르며 몸을 흔들어 깨웠지만, 사랑하는 아이는 더 이상 잠에서 깨어나지 않았습니다.

의사가 사망 사실을 확인한 뒤 아빠 엄마는 멍하게 그 차디찬 새벽 공기와 함께 한동안 아무도 없는 응급실에 홀로 서 있게 되었습니다. 그 새벽녘에 아빠가 딱Tak에 있는 소속 단체의 리더와 미국에 있는 파송 단체의 리더에게 급하게 전화를 걸어 이 상황을 알린 후 정신을 차렸을 때, 두 눈에서는 주체할 수 없는 눈물이 하염없이 쏟아져 내리고 있었습니다.

2. 부활의 소망을 가지라

허은이가 12월 크리스마스 방학을 맞이하여 우리 부부와 함께 집에 머물러 있는 동안에 때마침 미국에서 오래 전부터 우리가 잘 알고 지내던 강 모 간사님 내외가 약 20여 시간의 긴 비행을 한 후, 2018년 1월 1일에 태국에 있는 우리 가정을 방문하게 되었습니다.

이 부부는 미국 캘리포니아에서 개인 사업을 하시며 미국 제자 선교회DCF-USA를 맡아 미국의 한인 청년들을 양육하고 훈련하고 계시는 분들입니다. 매년 한 차례 자신들의 소중한 휴가 기간을 이용해 세계 여러 나라에 나가서 복음을 전하고 있는, 자신들이 이미 알고 있는 많은 선교사를 방문하여, 그 분을 위로하는 사역을 하고 계십니다. 특히 그 나라를 관광하는 대신, 해당 선교지에서 사역하고 있는 현지 선교사들의 어려움과 아픔 등을 상담하고 또 격려하며 아울러 그 땅과 사역을 위해 중보 기도하는 그런 귀한 사역을 하는 분들입니다.

때마침 강 간사님 내외가 우리 가정을 방문하기 전에, 은이가 갖고 싶은 것이 있는지를 미국에서부터 물어 오셨고, 그 때 은이는 미국에서 살 동안 평소 자주 먹곤 했던 도리토스Doritos, 썬 칩Sun-chip, 그리고 미국 초콜릿과 같은 간식과 과자류 등을 갖다 달라고 부탁드렸습니다. 긴 비행 후 마침내 시골 지역인 콩윌라이(Khongwillai)에 있는 우리 가정에 도착한 두 분은 은이를 위한 선물로 은이가 부탁했던 과자를 잔뜩 가져 오셨습니다. 놀랍게도 대형 여행 가방에 미국에서만 구할 수 있는 각종 과자들을 한가득 채워 오셨고, 그 자리에서 즉시 그 대형 여행가방을 열어 은이에게 보여주었습니다. 그것을 보자마자 은이는 눈이 휘둥그레져, 너무나도 즐겁고 행복해서 춤을 추면서 연신

"고마워요, 고마워요"

를 연발하였습니다.

두 분이 오셔서 은이와 함께 대화도 하고 식사도 하며 즐거운 시간을 보내게 되었습니다. 두 분은 미국에 계실 동안 전해 들은 은이의 외로운 홈스쿨링에 대해서 나름 걱정을 하고 있었는데, 실제로 은이를 만나보니 자신들의 우려와는 달리 은이의 밝고 씩씩한 모습을 보고 나서는 큰 안도감을 느꼈다고 나중에 고백하였습니다.

그렇게 은이와 약 이틀간을 함께 지낸 후, 8학년 2학기의 수업을 위해서 치앙마이에 올라가야 하는 은이를

딱Tak에 있는 저희 모임의 리더에게 부탁을 드리게 되었습니다. 그 후 다시 집에 돌아온 두 분은 우리 부부와 함께 선교지에 있는 동안에 경험했던 여러 어려움들을 듣고 나눈 후, 함께 중보기도하는 귀한 시간을 가지게 되었습니다. 특별히 두 분이 우리 부부와 함께 꼭 나누기를 원하는 성경의 주제말씀이 있어서, 그것을 같이 공부하게 되었습니다. 은이를 치앙마이에 보낸 3일 저녁부터 시작하여 그 날 자정까지, 그리고 그다음 날 4일 오전 일찍부터 다시 시작하여 오후 1시까지 계속된 성경공부 시간은 우리 부부에게 정말 유익한 시간이었습니다.

그때 함께 나누었던 성경공부의 주제는 바로 예수 그리스도의 부활에 관한 내용이었습니다. 신앙생활에서 예수님의 죽으심과 아울러 부활은 너무나도 중요한 주제이고, 이 땅을 살고 있는 모든 그리스도인이 반드시 기억하고 적용해야 할 중요한 소망임을 깊이 깨닫게 되었습니다. 특히 우리 그리스도인의 삶은 죽음으로 끝나는 것이 아니라 죽음 이후에도 반드시 다시 살아나는 것, 즉 부활이 있기에, 이 땅에서 어떠한 죽음을 경험하더라도 결코 두려워하거나 슬퍼할 일이 아니라는 것이었습니다.

이러한 성경공부 이후에 제 개인적인 사도행전의 말씀 묵상을 통해 예수님의 제자들이 예루살렘과 유대, 사

마리아 그리고 땅끝까지 다니며 전한 복음의 핵심이 바로 예수님의 죽으심과 부활이었다는 것을 다시 한번 더 확증하게 되었습니다.

예수님 당시에 3년 동안이나 예수님을 따라 다녔던 제자들은 예수님이 십자가에서 숨을 거두시는 모습을 보면서 다들 실망하고 낙심이 되어 자신들의 스승이었던 예수님을 부인하고 도망 다녔지만, 죽음 후에 사흘 만에 부활하신 예수님을 직접 두 눈으로 보고 만난 이후에 그들의 삶은 완전히 변화되었습니다. 즉 자신들도 이 세상에서의 죽음 이후에 예수님과 같은 영원한 생명의 부활이 있음을 믿었고, 그 부활의 사건을 통해 비로소 예수님만이 참된 길이요 진리요 생명임을 온 마음으로 확실히 알게 되었습니다.

제자들은 사흘 만에 죽음에서 다시 살아나신 예수님의 부활 사건이 하나님께서 세상 모든 사람들에게 하나님의 살아계심을 보여주시는 분명한 증거라는 것을 확실히 깨닫게 되었습니다. 동시에 예수님이 이 세상에 있는 모든 사람이 반드시 믿어야만 하는 참 하나님이심과 그 부활하신 예수님이 산 자와 죽은 자의 주인이 되어야만 한다는 것을 너무나도 분명히 깨닫고 믿게 되었습니다. 그렇기에 이 땅에서의 어떠한 어려움과 고난, 심지어 목

숨을 잃는 극단적인 상황에서도 자신들의 생명을 조금도 귀한 것으로 여기지 않고 담대하게 복음을 전하다가 순교했던 사실을 개인적으로 사도행전의 말씀들을 깊이 묵상하면서 다시금 깊이 확증하게 되었습니다.

특별히 우리 부부가 섬기고 있는 이 태국 땅에 있는 수많은 영혼들의 실제적인 모습들을 바라볼 때 너무나도 안타까운 마음이 들게 되었습니다. 이 영적인 어두움의 땅에서 천국에 대한 아무런 소망도 없이 그저 잘 알지 못하는 수많은 귀신들의 저주에 대한 막연한 두려움과 더불어 죽음 이후에 천국보다는 지옥이 더욱 더 가깝게 느껴져 삶의 모든 부분에서 두려움과 저주에 묶여 살고 있는 이들에게는 생명과 소망을 주는 부활의 복음이 너무나도 중요한 부분이었음을 다시금 확신하게 되었습니다.

강 간사님 내외는 그렇게 귀한 성경 말씀을 나누어 주신 후, 처음 방문하신 태국을 제대로 관광하지도 못하시고 급하게 비행기를 타고 다시 미국으로 돌아갔습니다. 두 분이 태국을 떠난 지 열흘 후에 은이의 죽음에 대한 갑작스런 비보를 듣게 되었는데, 이 슬픈 소식은 두 분에게도 너무나 충격적인 일이었습니다. 불과 열흘 전에 만났을 때만 해도 그렇게 밝고 쾌활하게 웃던 아이가 갑작스런 하나님의 부르심을 받고 더 이상 이 세상에 존재하지 않음과 또 은이를 다시는 볼 수 없다는 사실을 알게 되었을 때, 두 분의 마음은 너무 낙담이 되고 놀랐습니다.

부모로서 사랑하는 자녀를 잃은 저희 부부의 상심한 마음은 무엇으로도 위로가 될 수 없었지만, 강 간사님 내외가 오셔서 저희들에게 나누어 주셨던, 육신의 죽음 이후에 반드시 있을 부활에 대한 소망은 아픔과 고통 가운데 있는 저희 부부에게는 너무나도 큰 위로와 격려가 되는 하나님의 말씀이었습니다.

은이의 장례식을 마친 후 아빠 엄마는 사랑하는 막내딸을 이 땅에서 두 번 다시 볼 수 없다는 것을 깨달았기에, 은이를 향한 밀려오는 그리움으로 자주자주 하염없는 눈물을 흘리게 되었습니다. 그럼에도 불구하고 우리 부부의 마음은 머지않아 천국에서 반드시 다시 만날 은이를 생각할 때, 절망이나 좌절 또는 낙심이 아니라 오히려 위로와 기대 그리고 사랑하는 은이를 다시 만날 것에 대한 간절한 소망으로 채워져 있었습니다.

3. 천국의 씨앗으로 삼다

은이가 천국으로 부름을 받은 날인 주일 새벽.

차디찬 몸을 병원 영안실에 홀로 두고서 새벽 미명이 채 되기도 전에 치앙마이에 있는 미 영사관에 전화를 하였습니다. 그 날이 일요일 이른 새벽이었기에 담당 영사와는 직접 통화가 되지 못했고 대신 당직을 서고 있는 분에게 미국 시민권자인 딸이 천국의 부름을 받았다는 메시지를 남기게 되었습니다. 몇 시간이 지나지 않아 주일 아침 일찍 치앙마이에 상주하는 미국 영사로부터 급히 연락이 왔습니다. 우선 어린아이의 죽음에 대한 깊은 애도를 표하면서, 은이가 미국 시민권자이기에 미국을 대표하고 있는 자신들은 미국 시민이 외국에서 생명을 잃었을 경우에 일어나는 여러 가지 일들을 도와줄 수 있다는 말을 전화기 너머로 전해 왔습니다. 특히 이곳 태국에서 처리해야만 하는 여러 법적인 문제들을 태국 당국과 해결하는 부분을 도와줄 뿐만 아니라, 당장이라도 은이의 시신을 부모인 우리 부부가 원하기만 한다면 미국 동부의 뉴욕으로 이송하는 것을 구체적으로 도와주겠다는 확답을 받게 되었습니다. 아빠와 직접 통화한 해당 영사는 아주 친절한 모습으로 미국인이 해외에서 목숨을 거두었을 때 어떤 과정과 절차를 밟아야 하는지, 또 어떠한 서류를 구체적으로 준비해야 하는지에 대해서도 상세하게 안내해 주었습니다. 은이의 시신이 관에 채 옮겨지기도 전에 영안실에서 홀로 잠들어 있는 상태에서, 아빠는 이 사실을 엄마에게 알리고 은이의 시신을 어디로 보낼 것인지에 대해 의논해야만 했습니다. 은이를 평소에도 무척이나 아끼고 사랑하는 할머니와 할아버지 그리고 외가가 있는 미국 뉴욕에 묻을 것인지 등에 대해서 이야기를 나누게 되었습니다.

미 영사가 전한 소식을 나누었을 때, 엄마인 인영 선교사는 미 영사의 적극적이고 긍정적인 도움의 소식에도 불구하고,

"만약 은이의 몸을 미국으로 가져가 거기에 묻는다면, 아마 두 번 다시는 이 태국 땅에 돌아올 수 없을 것 같아요. 아이의 몸을 미국에 홀로 남겨 두고서 여기 태국에 다시 돌아와서 사역할 수는 없어요."

라고 말하는 것이었습니다. 아울러 그 말을 듣는 아빠 역시 엄마의 생각과 같이, 만약 은이의 시신을 가지고 미국으로 가서 묻는다면, 그 후에 이 태국 땅에 다시 돌

아올 용기나 자신감이 전혀 생기지 않음을 너무나도 깊이 공감하고 있었습니다.

이렇게 엄마와 아빠가 대화를 나누는 동안에 아빠의 마음속에 하나님이 한 생각을 넣어 주셨습니다. 그것은 바로 주님이 은이를

'태국을 위한 천국의 씨앗
A Seed of the Kingdom of God for Thailand
으로 심기를 원하신다'

는 것이었습니다. 아빠의 마음속에서는, 은이가 주님이 선택하시고 정하신 **태국을 위한 천국의 씨앗**이라는 생각이 계속하여 들게 하셨고, 마침내 이 생각이 사람의 생각에서 나온 것이 아니라 바로 하나님이 아빠의 마음에 주신 생각이라는 확신이 점점 더 강하게 느껴졌습니다.

그와 동시에 하나님이 주신 마음이 다시 떠올랐습니다. 몇 년 전에 미국에서 평범하게 살고 있던 우리 가족 모두를 이 땅에 복음을 전하기 위한 선교사로서 부르셨고 또 지금 이 시간 우리를 이 태국 땅에 두신 것은 단지 우연한 사람의 선택에 의한 것이 아니라 분명한 하나

님의 계획하심과 작정이 있다는 것. 그렇다면 이러한 어려움의 상황 속에서도 여기 이 태국 땅에 우리 부부가 계속하여 남아 있는 것이 더욱 더 하나님이 원하시는 뜻이라는 생각이 마음 깊이 강하게 남게 되었습니다.

13살의 어린 나이.
세상에서 채 피지도 못한 꽃처럼 너무나도 일찍 저희 부부로부터 사랑하는 은이를 부르신 주님. 그러나 아빠 엄마보다도 은이를 더 잘 알고 사랑하고 계시는 주님. 그리고 지금까지 우리 가정의 삶의 모든 여정을 세세하게 인도해 오셨던 주님. 비록 우리가 이해가 되지 않고 이해할 수도 없는 가슴을 찢는 듯한 비극적인 일이 지금 우리 앞에 일어났지만, 언제나 우리 앞에 좋은 것으로 준비하여 주셨던 주님.

주님은 항상 좋으신 분이시다!!!
God is Good. All the Time.

비록 감당하기 쉽지 않지만 은이의 죽음조차도 합력하여 선을 이루실 주님의 그 선하시고 신실하심을 신뢰하였기에 우리 부부는 최종적으로 은이의 몸을 우리가 사역하고 있는, 태국 중북부의 딱Tak 지역에 묻기로 결정하였습니다.

아이를 태국 땅에 묻기로 결정한 후, 치앙마이에 있는 미 영사관에 다시 전화하여 우리의 결정을 알려주었고, 해당 영사도 선교사로서 이 땅에 살고 있는 우리의 의견을 존중한다며 그렇게 하라고 대답했습니다. 아울러 그렇다면 구체적으로 어떤 공식적인 서류들이 필요한지를 친절하고 자세하게 다시 알려준 후에 전화를 끊게 되었습니다.

전화를 끊고 난 후, 잠들어 있는 아이의 몸을 중북부의 딱Tak으로 옮기기 위해 구체적인 일들, 가령 아이의 시신을 담을 관을 구입한다든지, 어떻게 아이의 시신을 딱Tak에 있는 묘지로 옮길 것 등에 대해서 은이의 비보를 듣고 우리를 도와주시기 위해 영안실에 함께 와 계시던 여러 선교사님들과 의논하게 되었습니다. 이러한 준비 후에 치앙마이에서 사역하고 계시는 몇몇 웩WEC 소속의 선교사님들과 평소 은이가 다니던 치앙마이 선교교회Chiang-Mai Mission Church 목사님과 관계자들이 어떻게 장례를 시작할지를 서로 의논하셨고 슬픔과 비탄에 빠진 저희 부부를 대신하여 치앙마이에서의 모든 장례 일정과 절차를 준비해 주시기로 하셨습니다. 그렇게 갑작스러운 주일 오후 치앙마이에서의 입관 예배를 시작으로 사랑하는 은이의 장례는 시작되었습니다.

애초에 사흘 장으로 장례를 준비하였지만, 치앙마이에 있는 병원 영안실에서 이틀, 그리고 엄마 아빠의 사역지인 깜펭펫Kamphengphet에 있는 교회에서 나머지 사흘. 모두 합하여 5일장으로 장례가 이어졌습니다.

많은 선교사님들과 태국 현지 교회 교인들 그리고 그레이스 국제학교Grace International School 관계자들이 와서 함께 울며 위로와 격려를 해 주었습니다. 아울러 이런 5일 동안의 장례 기간 중에 매일 저녁마다 추모 예배가 드려졌는데, 이 예배에 참석했던 몇몇 분들이 아빠 엄마에게 다음과 같은 고백을 하였습니다.

"정말 은이를 잃은 슬픔은 너무나도 크고 아프지만, 이 장례 예배가 너무나도 은혜스러워요."

비록 은이를 천국으로 일찍 데리고 가신 하나님이시지만, 그럼에도 불구하고 이 장례식에 여전히 우리와 친히 함께하셔서 모든 장례 예배와 절차들 가운데 놀랍도록 큰 은혜를 베풀어 주신 하나님이셨습니다.

장례를 마치고 몇 주 후에 잠시 동안 첫째 딸인 린이

의 비자 연장을 위해 한국을 들러 몇몇 분들을 만나게 되었습니다. 사랑하는 은이에 관한 슬픈 소식을 들은 분들 가운데는 아이의 죽음과 그로 인해 은이의 몸이 선교지인 태국 특히 딱Tak 지역에 묻혀 있는 것은 매우 특별한 의미를 지니고 있다고 일러 주었습니다. 이미 9살의 어린 나이에 천국에 들려 올려져, 천국과 지옥을 경험하고 이 땅에 내려온 은이는 그 몸과 영혼 속에 이미 천국의 씨앗이 심겨져 있었고 그 영혼 속에 심겨진 씨앗이 이제 죽음이라는 사건을 통해 구체적으로 육신이 태국 땅에 묻혀 있는데, 사실은 하나님께서 은이를 천국과 이 세상을 연결하는 통로로, 즉 빛으로 가득한 천국과 어두움으로 가득한 이 세상을 중재하는 연결관과 같은 귀중한 역할로 삼으신 것이라고 말씀해 주셨습니다.

특히 선교지에서 천국을 이미 경험한 선교사 자녀인 은이의 죽음은 단순한 자연사로서의 죽음이 아니라 어두움이 가득한 이곳에 천국을 전하고, 그 천국에 있는 빛과 생명을 이 땅에 흘려보내는 중요한 역할을 하는 순교자의 모습이라고 친히 알려 주었습니다. 마치 천국을 경험했던 예수님의 제자들이 전 세계로 흩어져 복음을 전하다가 그 땅에 묻힘으로 인해 순교자로서 천국의 빛을 이 땅에 가져 왔던 것처럼, 은이의 죽음 역시 그러한 중요한 의미를 지닌다고 설명해 주셨습니다. 은이의 시신이 그녀가 태어난 미국 땅이 아니라 저희 부부가 사역하는 이 영적 황무지와 같은 태국 땅에 묻힌 것은 장차 이 땅에서 행하실 주님의 놀라운 역사를 여는데 아주 중요한 역할을 할 것이라고도 말씀해 주셨습니다.

빛으로 충만한 천국과 어두움으로 가득한 이 세상을 연결해 주는 천국의 씨앗으로 드려짐. 그 드려짐이 우리의 힘이나 노력에 의해서가 아니라 친히 하나님께서 그 씨앗에 대해 열매를 맺어 가실 것을 말씀하시면서 저희 가정을 격려하고 함께 기도해 주셨습니다.

생각해 보니, 처음 선교사들이 조선 땅에 복음을 들고 들어 왔을 때, 그들에게는 말로 다 할 수 없는 수많은 핍박과 박해가 있었습니다. 그 선교사들과 자녀들은 그들이 선교지에서 당하는 여러 어려움과 질병 등의 이유로 자신들의 고국으로 언제든지 다시 돌아갈 수 있었습니다. 그러나, 그분들은 그와 반대로 영적으로 척박한 조선 땅에서의 죽음을 통한 순교의 헌신을 통해 마침내 영적으로 어두움의 땅이었던 조선에 복음의 빛을 밝히게 되었습니다. 초창기 조선과 같이 척박하고 영적인 황무지처럼 느껴지는 이곳 태국에서 순교의 제물로 또 천국의 씨앗으로 드려진 은이의 이 귀한 헌신은 장차 이 땅을 생명의 빛으로 밝히실 주님께서 주님의 나라를 확장하는데 귀한 하나의 도구로 사용하실 것이라는 확신을 주셨습니다.

4. 만약에… What if…

5일 동안의 장례 예배 가운데, 아빠 엄마가 할 수 있는 일이라고는 아무것도 없었습니다. 그저 하염없이 얼굴을 타고 흘러내리는 그 슬픔과 아픔의 눈물을 묵묵히 감당할 수밖에는. 문득문득 아빠의 마음속에 이런 생각이 스쳐 지나갔습니다.

만약에... 만약에...
What if... What if...
만약에...
은이를 치앙마이에 보내지 않고 그냥 아빠 엄마가 있는 콩윌라이에 계속 머물게 데리고 있었더라면...
만약에...
아이가 다시 미국으로 돌아가고 싶다고 졸랐을 때, 그냥 미국에 계신 할머니에게 다시 보내어 할머니와 함께 살게 했었더라면...

만약에...
우리가 이곳에 선교사로 오지 않고 계속하여 미국에 남아 있었더라면...
그리고 만약에...
주님이 우리 가정을 선교사로 부르시지 않으셨더라면...
만약에... 만약에... 만약에...
What if... What if... What if...

문득문득 이런 생각들이 머리를 스치는데 그 만약의 끝은 바로 하나님을 향한 원망이었습니다. 사랑하는 막내딸을 잃은 이 비극이 너무나도 컸기 때문에...

'왜?... 이렇게 일찍 어린아이를 데려가셔야만 했나!'
'왜?... 수많은 선교사들의 가정 가운데 하필 이런 슬픔이 우리 가정에 닥쳐야만 했나!'
'그리고 지금까지 주께서 여기로 가라면 가고 저기에서 멈추라 그러시면 멈췄는데,
왜?... 이런 시련과 고난과 아픔을 우리에게 허락하시는가!'
'하물며 지금은 큰 딸 린이가 미국에서 공부하는 바람

에 은이를 보지 못한 지도 2년이 다 되어가지 않는가!'
'또한, 미국에 있는 할머니와 할아버지 그리고 삼촌을 보지 못한 지도 꽤 되지 않았나!'

이러한 부정적인 생각들이 꼬리에 꼬리를 물고 계속하여 일어나기 시작했습니다. 하지만 순간 이런 원망과 불평은 하나님이 결코 원하시지도 또 기뻐하시지도 않으시는, 오히려 원수 마귀가 더욱더 좋아할 만한 생각이란 마음이 강하게 들었습니다.

그렇습니다.
주님을 따르는 그리스도인에게 어려움과 역경은 때때로 예상하지 않은 시간과 환경 속에서 갑자기 찾아오지만, 그 아픔과 고통의 삶 속에서도 우리를 여전히 사랑하시고 인도하시는 주님께 원망과 불평보다는 감사와 찬송을 드리는 것. 이것이 바로 주님이 우리에게 간절히 간절히 원하시는 믿음의 고백이라는 것이라는 것을 깨닫게 되었습니다. 그렇다면 그렇게 주님이 원하시는 감사와 찬송을 고백하는 일이 사랑하는 아이의 죽음을 계기로 하여 예전에 알고 있던 머리에 있는 지식으로 만이 아니라, 삶의 현장에서 구체적으로 온 몸과 마음과 입으로 실천해야만 했습니다.

그리하여 아빠와 엄마는 이 일로 인해 하나님을 향한 원망보다는 오히려 감사의 제목을 찾기 시작하였습니다. 그렇게 감사를 찾기 시작하는데 정말 많은 감사들이 생각났습니다. 수많은 감사들 중에서 마지막 장례 예배를 통해 나누었던 대표적인 감사는 다음과 같았습니다.

첫째, 하나님이 사랑하는 은이를 우리 가정에 귀한 선물로 주신 것을 감사합니다.

둘째, 은이가 아홉 살 때 천국과 지옥을 직접 경험하고 또 그곳에서 예수님을 직접 만났고 지금은 사랑하는 예수님의 품에 안겨 있음에 감사합니다.

셋째, 많은 사람들의 죽음 가운데서, 사랑하는 은이를 이 태국 땅의 잃어버린 영혼을 위한 천국의 씨앗으로 삼으신 것을 인해 감사합니다.

넷째, 예수님을 모르는 사람들은 이 세상에서의 죽음이 정말로 두 번 다시 만날 수 없는 절망스러운 이별이지만, 장차 머지 않은 시간에 엄마 아빠 그리고 린이는 천국에서 다시 사랑하는 은이를 재회할 수 있는 복스러운 부활의 소망을 주심을 인해 감사합니다.

장례 후, 딱Tak에 묻힌 은이의 무덤에는 조그마한 비석이 세워져 있습니다. 그 비석에는 은이를 기억하며 은이의 예쁜 사진과 함께 다음과 같은 글귀가 적혀 있습니다.

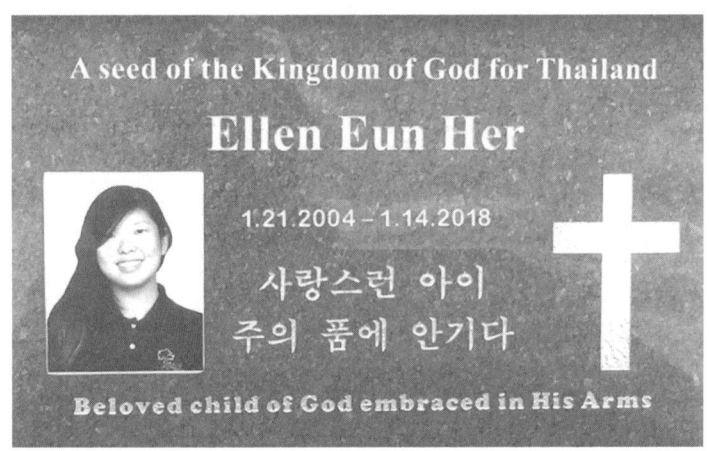

5. 씨앗이 열매 맺기 시작하다

우리는 장례식을 마치고 난 다음 주부터 은이의 죽음을 태국을 위한 천국의 씨앗으로 심으셨다는 하나님의 약속의 말씀이 구체적으로 어떻게 열매를 맺고 있는지에 대한 놀라운 소식들을 여러 사람으로부터 듣게 되었습니다.

저희 부부가 한동안 사역했던 콩윌라이Khongwillai 교회에는 열심히 신앙생활하고 계시는 태국 현지인 여성이 한 분 계십니다. 그분의 세 자녀 중에 둘째인 남자아이 K는 십대 중반의 고등학교 학생의 나이임에도 불구하고, 이러 저러한 이유로 학교도 다니지 않고 마약을 하고 또 주변의 친구들과 어울려 다니며 나쁜 짓을 일삼았던 결코 바르지 못한 삶을 살고 있었습니다. 이 학생의 삶의 모습은 어머니인 그 여성도뿐만 아니라 주변에서 그를 알고 있는 많은 사람들의 걱정과 우려를 가져 오기에 충분했습니다. 그렇기에 그 여성도의 가장 큰 기도 제목 중의 하나가 바로 K의 회심과 변화되어진 삶이었습니다. 우리 부부는 K를 전도하기 위해 그를 찾아가 함께 하나님 말씀을 배우고 교회에 나가자고 여러 번 권유하기도 하였습니다. 그러나 그럴 때마다 K는 번번이 우리의 요청을 거절하였을 뿐만 아니라 하나님이나 교회와 관련해서는 전혀 관심을 보이지도 않았습니다.

그런데 장례식을 마치고 난 다음 주에 K의 엄마인 여성도가 흥분한 상태에서 인영선교사에게 소식을 전해왔습니다.

"아짠 Azzan(선교사나 목사를 부를 때 칭하는 태국어)! K가 다음 주부터 교회를 오겠다고 결심했어요! 그렇게 교회 나가자고 권유를 해도 외면하던 아이가 은이의 장례식에 참석한 후 마음을 바꿔 내가 말하지도 않았는데 자기가 먼저 앞으로 교회를 가겠다고 말을 하는 거예요. 너무나도 기쁘고 놀라워요. 주님을 찬양해요!"

마음 한 편에 사랑하는 막내딸인 은이를 잃어버림으로 인한 아픔과 그리움으로 인해서 한없이 마음이 무거웠는데, 이 소식을 들었을 때 그 무거운 마음이 조금씩 사라지기 시작하였습니다.

다음 주일날 교회에 가보니 놀랍게도 K가 엄마인 그 여성도와 함께 교회 예배당에 와서 예배를 드리기 위해 나란히 앉아 있는 것이었습니다.

"K! 만나서 반가워. 앞으로 교회에 나오기로 결심했니?"

"예. 앞으로 일요일마다 교회에 나올 거예요."

"그러면 아짠Azzan과 같이 하나님 말씀을 배우도록 하자."

"예 알겠습니다. 열심히 성경 말씀을 배우도록 할게요."

잠깐 동안의 대화였지만, 예전에 만났던 거칠었던 마음을 소유한 아이의 모습과는 전혀 다른 부드러운 마음의 태도로 반응하고 있었습니다.

그 후에 K와 함께 약속대로 성경말씀을 가르치면서 공부 중간에 어떤 계기가 있어서 교회에 다시 나오기로 결심했는지 물어보는 시간이 있었습니다. 그가 말하기를 '허은의 장례식 마지막 날 아침에 엄마와 함께 장례식을 그냥 아무 생각 없이 참석했는데, 그 장례식 예배 중간에 자기도 모르게 마음이 부드럽게 바뀌었고 허은의 장례 후에 꼭 교회를 나가야만 한다는 강한 마음이 자신에게 들었다'는 것입니다. 자신조차 어떻게 본인의 그 딱딱하고 거친 마음이 그렇게 부드럽게 바뀌었는지 설명할 수가 없다는 것이었습니다. 아울러 그동안 하나님과 복음에 대해서 한겨울 차가운 얼음 바닥처럼 딱딱하고 냉랭했던 그 마음이 은이의 장례식 동안에 자신도 알지 못하는 사이에 따스한 봄기운에 눈이 스르르 녹듯이 부드럽게 녹아서 다시 교회를 나가고 믿음 생활을 해야만 한다는 강한 마음이 들었다는 것이었습니다.

우리 부부 역시도 그 남자아이를 교회에서 다시 만났

을 때 아이의 변한 모습에 놀라고 있었고 이렇게 K의 마음을 변화시키신 하나님께 감사를 드렸습니다.

은이의 죽음이 주님이 말씀하신 것처럼 태국을 위한 천국의 씨앗이 되어 태국에서의 첫 열매를 맺는 순간이었습니다. 13살 어린아이의 죽음이었지만, 그렇게 주님은 은이의 죽음을 통해 이 땅에 열매를 맺어 가기 시작하셨습니다.

장례식을 마치고 집에 돌아와서 나머지 밀린 일들을 대충 정리한 후, 은이의 남은 유품들을 챙겨 다시 우리 부부의 사역지인 콩윌라이Khongwillai로 돌아오기 위해 은이가 한동안 머물렀던 치앙마이로 올라가게 되었습니다. 온 가족이 함께 차를 타고 치앙마이로 올라가는 동안 문득 문득 뒤를 돌아보았을 때 차 한 켠에 비어 있는 은이의 빈자리가 우리의 마음을 더욱 더 아프게 만들었습니다. 상실한 마음이 채 아물기 전에 우리 가족은 사랑하는 딸의 마지막 흔적을 정리하기 위해 치앙마이로 힘겹게 올라가야만 했습니다. 다섯 시간 반 동안의 오랜 운전 끝에 마침내 은이가 살았던 기숙사에 도착하였습니다. 은이가 한동안 살았던 은이의 공부방에서 유품을 가져오기 전에 해당 기숙사에서 사역하고 계시는 선교사님 부부를 만났습니다.

　서로 만나고자 약속한 날 전 주간까지만 해도 기숙사에서 선교사 자녀들을 섬기고 계시던 두 분은 갑작스런 은이의 죽음으로 인해 너무나도 큰 충격을 받고 계셨고, 더불어 은이와 함께 그 곳에서 생활했던 기숙사의 언니 오빠들 역시 그 충격과 아픔 가운데서 제대로 헤어 나오지 못해 힘들어 하고 있었습니다.

　그러나 치앙마이에서 우리 가족이 다같이, 은이가 묵었던 기숙사에서 사역하고 계시던 두 분 선교사님과 학생들을 만났을 때에는 오히려 감사하게도 하나님이 두 분의 마음과 그곳에서 생활하고 있던 언니 오빠들의 마음을 이미 많이 만지셨고 또 전문 심리 상담 등의 과정을 통해서 점점 회복되어가고 있었습니다. 그러한 만남의 과정을 통해서 서로의 아픔을 위로하게 되었고 다시금 우리 모두를 주님께서 온전히 치유하시도록 함께 기도하는 시간을 갖기도 하였습니다.

　은이가 묵었던 기숙사에서 아이의 유품을 챙기고 난 후, 다음날 은이가 그동안 다니고 있었던 그레이스 국제학교Grace International School를 방문하게 되었습니다. 은이의 남은 책을 반납하고 또 감사의 인사를 여러 선생님들과 관계자분들께 전하기 위해 학교에 갔을 때, 그 속에서도 하나님의 선하심은 여전히 일하고 있었습니다.

　은이의 장례식이 끝난 그 다음 주부터 학교에서 영성 강조 주간Spiritual Emphasis Week을 정하여 특별 신앙 훈련을 위한 세미나와 아울러 비슷한 여러 모임을 하게 되었습니다.

　참고로 그동안 은이가 다녔던 그레이스 국제 학교 Grace International School는 태국 북부지역인 치앙마이에 선교사 자녀들의 교육을 위해 약 10여 년 전에 세워진 학교였습니다. 그러한 특수 목적으로 세워진 학교였기에 이 학교에 다니는 대부분의 학생들은 거의 모두가 선교사 자녀들Missionary Kids이었습니다. 학생들의 부모들은 주로 아시아와 동남아시아, 중동 심지어는 아프리카 등지에서 복음을 위해 수고하고 계시는 선교사들이었습니다. 선교지에서 제대로 정규교육을 받을 수 없는 열악한 환경에 처해 있는 선교사 자녀들의 교육을 위해 동남아시아의 선교 허브 지역이라고 불리는 태국 치앙마이에 선교사 자녀들을 위해 기독교 정신을 바탕으로 교육을 하는 그런 목적을 둔 귀한 교육 단체였습니다. 그 학교에서 수고하고 섬기시는 대부분의 선생님들과 스텝들 역시도 전 세계 여러 나라에서 파송을 받아 온 선교사분들입니다. 여기서 수고하시는 학교 선생님들과 스텝들 역시 교육 선교사로서 필드에 나가 있는 현장 선교사를 대신하여 그 자녀들의 아름다운 신앙적 지식적 영적인 성장을 위한 비전을 가지고 동일하게 선교사의 열정과 마음을 가지고 와서 학생들을 가르치고 있는 귀한 분들이었습니다.

얼마 전 그 학교 선생님 중에 학생들을 위해 전문 상담을 하시는 한 상담 선생님을 저희 부부가 그분의 상담실에서 만나게 되었는데, 그 상담 전문 선생님의 고백은 실로 우리 부부를 충격에 빠뜨리기에 충분했습니다. 그 선생님의 수년간의 관찰에 의하면, 이 학교에 다니는 학생들의 대부분이 선교사 자녀들Missionary Kids이긴 하지만, 이 학생들의 약 80% 정도는 부모님이 선교사이기에 함께 선교지에 와 있을 뿐 학생들 개인적으로는 예수님을 인격적으로 만난 적이 거의 없는 영적으로는 하나님과 관계없는 삶을 사는 명목상의 그리스도인들Nominal Christians이라는 것이었습니다. 이런 영적인 실상들이 그 선생님에게는 가장 큰 고민과 기도 제목이라고 하는 대화를 나누었습니다.

그런데 은이의 죽음 이후에 학교에서는 놀라운 일들이 일어나기 시작했습니다. 장례식 후에 진행되었던 영성 강조 주간Spiritual Emphasis Week동안 많은 학생이 여러 선생님을 찾아와서 자신들의 죄를 고백하며 회개하기 시작했고, 선교사 자녀로서 자신들의 삶들을 진지하게 되돌아보는 시간들이 있었다는 것입니다.

많은 학생이 불과 13살의 어린 나이에 천국에 간 은이를 생각할 때, 그 갑작스러운 죽음이 선교사 자녀라고 불리는 자신들에게도 언젠가는 예외 없이 반드시 찾아오는, 남의 일이 아니었던 것입니다. 그런데 막상 자신들이 직접 그러한 갑작스러운 죽음에 직면했을 때, 그때는 천국에 들어가서 주님을 만나 뵐 수 있을지, 아니면 고통스런 지옥으로 떨어질지에 대한 진지한 고민이 일어났고, 그 결과 많은 학생들 사이에서 회개의 역사가 일어났습니다.

비록 자신들도 은이와 같은 선교사 자녀 Missionary Kid 로서, 원하든 원하지 않든 그들의 부모님을 따라 어린 나이에 그동안 익숙했던 고국을 떠나 낯선 선교지에 와 있지만, 이제는 단지 선교사 자녀의 자격으로서가 아니라 예수님과 자신 사이의 단둘만의 문제로 이 죽음을 맞이해야 한다는 사실이 학생들에게 새로운 도전으로 다가왔습니다. 이러한 도전에 직면한 학생들은 이제 자신의 죽음에 대해 스스로 책임을 져야만 하는 심각한 영적인 현실에 이르게 되었던 것입니다. 더불어 평소의 습관적이고 형식적인 신앙을 다시금 되돌아보는 귀한 계기가 은이의 죽음을 통해서 일어난 것입니다.

그레이스 국제학교Grace International School 설립 이후에 이 학교에 다니던 학생이 이렇게 갑작스럽게 선교지에서 죽음을 맞이한 경우는 없었기에, 은이의 죽음은 실로 학교 전체에 크나큰 충격과 슬픔으로 다가왔고, 그 충격은 기존의 형식적이고 메마른 신앙생활에만 머물러 있던 많은 학생에게 선한 영향을 미쳤습니다. 그 결과로 학생들 사이에서 새로운 회개와 더불어 영적인 각성들이 일어났습니다.

학교에서 만난 많은 선생님이 영성 강조 주간Spiritual Emphasis Week 동안 학교에서 일어난 회개의 역사와 영적인 각성에 관해 하신 말씀들은 선교사 자녀로서의 은이의 죽음이 결코 헛되지 않았다고 증거해 주는 것이었습니다. 처음 나누었던 태국 현지 아이인 K의 회심과 아울러 선교사 자녀들 사이에서도 하나님은 은이의 죽음을 통해서 서서히 열매를 맺어 가고 계셨습니다.

은이가 선교사 자녀들을 위한 학교인 그레이스 국제학교를 8학년으로 들어갔지만, 안타깝게도 한 학기만 마치고 천국의 부름을 받았기 때문에 학교에서는 남은 학기에 대한 수업료 등을 다시 우리 부부에게 되돌려 주었습니다. 그렇게 많은 돈은 아니었지만, 그래도 우리는 그 돈을 어떻게 의미 있게 사용해야 할지를 두고 기도하기 시작했습니다. 그리 큰돈이 아니었기에 생활에 필요한 물품을 산다거나 여기저기 필요한 일들에 그 돈을 사용한다면 큰 의미 없이 사라져 버리겠지만, 그래도 은이를 위해서 사용되어져야 할 돈이었기에, 어떻게 하면 이 돈을 보람 있고 유용하게 사용할 수 있을까를 고민하며 기도하기 시작했습니다.

그때 주님이 우리 마음에 주신 생각은, 이 조그마한 돈을 통해서 태국에 있는 은이 나이 또래의 중고등학교 학생들을 섬기는 것이었습니다. 특히 교회에 열심히 나오는 학생들 가운데 가난하여 제대로 학업을 할 수 없는 형편에 처해 있는 현지 아이들을 선별하여, 그 가난한 태국 아이들을 구체적으로 도울 수 있는 기관을 만드는 것이었습니다. 비록 큰돈은 아니지만, 이 적은 돈을 종잣돈Seed Money으로 하여 장학재단을 만드는 것이었는데, 결국 은이를 위해 사용했어야 했던 돈이었기에 은이를 기념하기 위해 허은 장학 재단Ellen Her Scholarship Foundation을 만들어, 1년이나 2년만 하는 것이 아니라 지속적으로 운영하여, 태국 중고등학생들을 물질적으로,

또한 신앙적으로 돕고 세우는 일을 감당하게 하는 선한 마음을 주셨습니다.

벳세다 들판에서 예수님의 설교 후에 수많은 사람이 먹을 것이 없어 배고파할 때, 그 당시 한 끼 식사밖에 되지 않았던 어린아이의 빵 다섯 조각과 작은 물고기 두 마리의 헌신을 통해 그 많은 무리를 배불리 먹이셨던 주님. 그러한 오병이어의 기적의 역사처럼, 비록 우리가 드린 돈은 적은 것이지만 이 돈이 주님의 손에 들려 축복 되어진다면, 이 돈을 통해 태국 땅에 있는 수많은 학생이 장차 아름답게 하나님의 사람으로 성장할 것이라는 것을 기대하게 했습니다.

이러한 생각들을 주변에 있는 몇몇 선교사님들에게 나누었을 때 그분들도 아주 좋은 아이디어라고 격려해 주셨고, 구체적으로 장학 사업을 하는 데 많은 도움을 주시겠다고 조언해 주시고 함께 응원해 주셨습니다. 태국 현지 학생들을 신앙적 물질적으로 돕는 이런 사역을 통해 은이를 대신하여 또 다른 학생들이 성장해 가는 모습을 보기를 소원하는 마음을 주셨기에 그 일을 선하고 아름답게 이루어 나가실 주님을 기대합니다.

이런 장학 사업에 대한 구체적인 계획은 기도를 통해 실제적으로 열매를 보게 되었고, 그 결과로 이미 여러 명의 학생과 가정을 선정하여 그들을 위한 중보 기도와 아울러 매월 소정의 헌금을 장학금으로 후원하기 시작하였습니다. 장학금을 받기로 선정된 한 가정은 이 소식을 듣자마자 저희 앞에서 눈물을 펑펑 흘리는 것을 경험하게 되었습니다. 때마침 자녀의 학비 문제로 인해 많은 고민과 해결 방법을 찾지 못해 너무나 힘들어하고 있었는데, 저희로부터 이런 장학금에 대한 소식을 듣고서 하나님이 자신의 기도에 응답하셨다고 고백하는 것이었습니다. 이 가정을 만났을 때 처음에는 많이 놀라고 당황하였지만, 이렇게 허은 장학 재단을 세워 태국 학생들을 돕는 이러한 생각과 계획이 우리가 아니라 바로 하나님으로부터 말미암았다는 구체적인 확신을 이 일을 계기로 더욱 분명하게 가지게 되었습니다.

비록 사랑하는 딸인 은이를 이 땅에서 더는 볼 수 없지만 은이를 대신하여 앞으로 또 다른 많은 제2, 제3의 은이가 태국 땅 전역에서 일어나기를 기도합니다. 아울러 이렇게 장학금을 받는 많은 학생이 장차 태국 땅을 위한 귀한 하나님의 일꾼들로 세워지는 것을 보기를 소망합니다.

은이의 언니인 린이가 급히 미국에서 다니던 대학교

를 휴학 처리한 뒤 태국으로 들어와서 함께 장례를 치르게 되었습니다. 정신없이 장례를 마치고 한동안 하지 못한 남은 일들을 정리하다 보니, 어느덧 한 달이 훌쩍 지나가 버렸습니다. 큰딸 린이가 미국에서 태국에 급하게 들어올 때, 태국 공항에서 30일 동안만 머무를 수 있는 관광 비자 Tourist Visa를 받고 들어오게 되었는데, 그러다 보니, 다시 비자를 갱신하기 위해 다른 나라로 출국하여 다른 종류의 비자를 다시 받아 와야만 하는 상황에 처하게 되었습니다. 그리하여 급히 한국으로 들어가게 되었는데, 그곳에서 은이와 관련된 슬픈 소식을 들은 여러 동역자들을 만나 뵙게 되었습니다. 만났던 많은 분들의 위로와 격려가 큰 힘이 되었습니다만 그중에 몇몇 분들은 태국의 현재 기독교 선교 상황을 들으면서 안타까움을 표현하셨습니다.

태국은 현재 공식적으로는 불교가 국교인 나라입니다. 태국 전역으로 거의 90% 이상의 사람들이 국교인 불교를 믿고 있고, 관광 및 휴양지로 널리 알려진 남부지역의 푸켓을 중심으로는 이슬람교를 믿는 사람들이 약 7-8% 정도가 됩니다. 그리고 북부의 치앙마이와 치앙라이 지역을 중심으로 주로 산 속으로 흩어져 있는 소수부족들과 중부 지역인 방콕을 중심으로 천주교를 포함한 기독교를 믿고 있는 사람들이 가끔 있습니다. 그러나 안타깝게도 지금까지 약 190여 년 동안의 수많은 선교 사역 활동이 있었음에도 현재까지 채 1%도 되지 않는 낮은 기독교 복음화율을 보이고 있습니다. 세계 선교 전문가들은 오랜 기독교의 선교 역사에도 불구하고 여전히 태국을 특히 태국의 다수를 차지하고 있는 태국민들을 복음 전파가 절실히 필요한 미전도 종족Unreached People 으로 분류해 놓고 있습니다. 수많은 선교사의 희생과 헌신에도 불구하고 이렇게 복음화율이 낮은 이유가 무엇일까를 생각하고 조사하는 가운데, 개인적으로 깨달았던 내용은 바로 태국의 교육구조가 중요한 이유 중의 하나가 아닐까 하고 여기게 되었습니다.

    태국은 인도차이나반도에서는 그래도 가장 잘 사는 나라 중에 하나요, 주변에 있는 여러 나라에 비해서 공교육과 병원시설 등 사회 간접 기반 시설Social Infrastructure이 제법 잘 갖추어진 나라로 평가됩니다.

    태국에서는 만3세 이상이 되면 아이를 유치원에 보낼 수 있습니다. 그런데 그렇게 공립학교의 유치원에 가게 되면, 매일 아침저녁으로 각 교실에 놓여 있는 불상에 절을 하고 또 불교의 경전이나 교리들을 원하든 원하지 않든 배우게 됩니다. 일반 공립학교와는 별개로 태국에 있는 수많은 사원이나 절에서 초등 교육과정의 학교를 운영하고 있습니다. 사원이나 절에서 불교 교육을 어렸을 때부터 하는 것은 어쩌면 당연하지만, 나라에서 운영하는 공립학교나 또 개인이 운영하는 사립학교에서조차 어렸을 때부터 불교의 사상과 교리를 가르치기 때문에 어린아이들은 자신들도 모르는 사이에 서서히 불교의 사상과 정신을 가지고 자라나게 됩니다. 이러한 불교 교육은 대학을 가기 전까지 초·중·고등학교 전 과정을 거치면서 이루어지고 있습니다. 즉 유치원부터 시작되는 불교에 대한 가르침과 훈련은 초·중·고등학교를 거치면서 더욱 강화되고, 이렇게 고등학교를 졸업한 사람들이 대학을 졸업한 후 태국 사회에 진출하면서 불교의 사고와 문화로 이미 길들여지고 훈련된 지도자로서 태국 사회 전체에 영향력을 미치는 사람들로 자라나게 됩니다.

최초의 선교사들이 태국에 들어와서 복음을 전할 당시에는 주로 의료 사역을 중심으로 병원을 설립하여 태국 사회에 복음에 대한 영향력을 끼치기 시작했습니다만, 교육을 통한 선교는 상대적으로 미진한 상황이었습니다. 수십 년이 지난 후 교육 선교에 대한 필요성을 느끼게 되어 기독교 학교를 설립하는 일에 관심 두게 되었습니다만, 대부분 학교가 태국의 수도인 방콕Bangkok이나 외국인 인구가 밀집해 있는 치앙마이Chiang Mai 등에 집중되어 있기에 수도나 주요 대도시를 벗어난 외곽지역이나 중소도시 지역에서는 기독교 정신을 가지고 학생들을 교육하는 학교들을 거의 찾아볼 수가 없습니다.

이러한 태국의 영적인 현실을, 한국에서 만났던 친구들과 지인들에게 나누었을 때, 처음에는 몇몇 분들이 효율적이고 장기적인 태국 복음화를 위해서는 태국에서 어린아이들을 대상으로 어렸을 때부터 하나님 말씀과 복음을 가르칠 수 있는 기독교 기관들을 세워서 복음을 전하면 참 좋겠다는 단순한 바램 정도로 이야기가 오가게 되었습니다.

애초에 린의 비자 갱신을 위해 급히 태국을 떠날 때만 해도 태국에 학교를 세우는 것에 대해서는 전혀 생각지도 고려하지도 않았었습니다만, 예기치 않게 기독교 학교를 설립하는 일에 관심을 가진 사람들을 여기저기서 계속해서 만나면서 이러한 일들에 대한 다양한 의견들이 자연스레 오가게 되었습니다. 놀랍게도 이러한 대화들은 여러 사람을 만나면서 저희 부부의 생각을 훨씬 뛰어넘어서 점점 더 구체화 되어가기 시작했습니다.

처음 한두 명의 친구에 의해 시작된 태국에서의 기독교 복음화에 대한 대화는 우리 부부가 이미 세우려고 기도하며 준비하고 있었던 허은 장학 재단Ellen Her Scholarship Foundation을 모체로 하여 태국에서 현지인들을 대상으로 하는 기독교 교육 기관을 세워보는 것이 어떻겠냐는 대화들로 더욱 발전하게 되었습니다.

한 걸음 더 나아가 이런 기독교 복음화를 위한 구체적인 방안에 대한 이야기는, 기독교 학교나 교육 기관 등과 같은 공적인 통로를 통해, 어렸을 때부터 태국 현지 아이들과 학생들을 복음과 하나님의 말씀으로 실제로 양육하여 장차 태국 땅에 복음의 정신을 가지고 태국 사회 전역에 선한 영향을 끼칠 수 있는 귀한 믿음의 지도자로까지 키워 내어 이들을 통해 태국에 하나님 나라를 더욱 확장하자는 데에까지 의견이 이르게 되었습니다.

이러한 태국 복음 사역 계획에 구체적으로 십여 분의 동역자들이 적극적으로 동참하기로 합의가 되었습니다. 그 결과로 마침내 허은 장학 재단Ellen Her Scholarship Foundation 산하 태국 기독교 학교 설립을 위한 실질적인 준비 모임을 만드는 데까지 이르게 되었고, 이 모임을 통해 태국에 기독교 교육기관을 세우고자 구체적으로 기도하며 준비하고 있습니다.

단지 저희 부부가 이 땅을 떠나면 거기서 사역이 끝나 버리는 한 세대의 사역이 아닌, 적어도 3세대Third

Generations까지 즉 일백 년 이상 이어지는 장기적인 계획으로 세워진 학교나 기관이 이 태국 땅에 세워져서, 계속하여 기독교 정신을 가진 믿음의 사람들을 배출하는 교육 기관이 되기를 간절히 소망하며 기도합니다.

사랑하는 은이의 천국 부르심을 태국을 위한 천국의 씨앗으로 심으신다는 주님의 그 말씀은 우리가 전혀 생각지도 기대하지도 못했지만 놀라울 정도로 열매를 맺기 시작하였습니다. 태국 현지 아이 K의 회심을 시작으로 그레이스 국제 학교Grace International School에 있는 선교사 자녀들의 회개 운동, 또 태국 학생들을 물질적 신앙적으로 돕는 허은 장학 재단Ellen Her Scholarship Foundation의 설립 그리고 한 걸음 더 나아가 궁극적으로는 태국에 기독교 신앙으로 지도자를 키우는 태국 기독교 학교의 설립 등으로 점점 더 그 씨앗의 열매들이 커 가고 있는 것을 보게 됩니다.

한 알의 밀이 땅에 떨어져 죽지 않으면 한 알 그대로 있지만, 만약 그 밀알이 땅에 떨어져 죽으면 많은 열매를 맺는다는 약속의 말씀처럼, 예수님 자신이 친히 한 알의 밀알이 되셔서 십자가에서 죽으셨습니다. 그 죽음의 결과는 처음에는 열두 명의 제자들과 70인의 전도인,

그리고 120명의 마가 다락방의 사람들로 열매가 점점 크게 맺어지기 시작하였습니다. 약 2,000여 년 전 한 알의 밀알이 되어 이 땅에 심기셨던 예수님의 십자가의 희생은 마침내 2,000여 년이 지난 지금 전 세계의 수많은 사람이 주님께 돌아오고 있는 놀라운 천국의 열매를 세계 곳곳에서 맺어가고 계십니다. 이처럼 불과 열세 살 밖에 되지 않은 연약하고 어린 은이의 죽음이지만 이 소중한 순교의 죽음을 통해서 이 태국 땅에 주님이 기뻐하시는 천국의 열매를 아름답고 풍성하게 맺어 가시기를 소원합니다.

우리는 가끔 지금까지 되어 온 일들과 앞으로 벌어질 많은 사역의 비전들을 생각할 때, 이것은 결코 우리의 일이 아니라 바로 하나님 자신의 일이요, 하나님의 비전이며 열매라는 것을 솔직히 고백합니다. 사역에 대한 경험도 일천하고, 그 일에 대한 지식이나 능력, 인적인 네트워크, 그리고 사역에 필요한 재정도 전혀 없기에 이 모든 일이 우리의 능력 밖에 있는 일이라는 것을 분명히 깨닫게 됩니다.

선교지에 처음 들어왔을 때부터 언어를 배우는 일이라든가 태국 현지인들을 양육하고 섬기는 일들에 있어서, 우리의 지식과 능력이 너무 부족하고 무능하다는 것을 또 그러한 것들을 전혀 할 수 없는 연약하고 부족한 죄인에 불과한 우리 자신의 모습을 우리 부부가 오래전에 목회를 하는 동안 깊이 경험하였기에, 이곳에서 맺어지는 사역의 열매나 결실들은 우리가 하는 것이 아니라 오로지 주님께서 친히 자신의 일을 스스로 행하시는 것임을 솔직히 고백합니다.

위에 나누었던 이러한 허은 장학 재단이나 태국 기독교 교육 기관의 설립 등에 대한 비전들과 사역 역시 우리 자신에게서 나온 것이 아니라 주님이 직접 일으키시고 진행하시는 일이란 분명한 확신이 들기에, 주님의 뜻과 방법 그리고 주님의 시간표대로 이러한 일이 이루어지기를 소망합니다. 그렇기에 저희 부부는 어떻게 주님이 이러한 놀라운 일들을 진행하여 나가실까를 두 손 모아 기도하며 잠잠히 지켜볼 뿐입니다.

여전히 이 땅에서 사랑하는 은이를 두 번 다시 볼 수 없는 아픔과 자주 마음을 사무치게 하는 아이에 대한 그리움이 있습니다. 그럼에도 주님의 말씀을 직접 이루어 가시며 열매 맺으시는 사랑하는 주님께 감사와 아울러 이 태국 땅에 부족한 저희 가정을 선교사로 부르신 주님의 선하심을 찬양하며 오로지 이 모든 일을 통해 주님만이 홀로 영광을 거두시고 높임을 받으시기를 간절히 소망합니다.

6. 마지막 글을 남기다

은이가 천국으로 부름을 받기 전 크리스마스 방학을 맞이하여 아빠 엄마랑 함께 콩윌라이khongwillai에 머무는 동안, 저녁마다 성경 말씀을 같이 묵상하였습니다. 열세 살이라는 어린 나이에 치앙마이에서 엄마 아빠 없이 홀로 낯선 기숙사 생활과 학교생활을 하며, 전혀 새로운 환경에 적응하기 위해 늘 긴장하면서 한편으로는 마음 졸이며 생활해야만 하는 시간들이 은이에게 있었습니다. 아울러 그 시간 동안 여러 사람과의 관계 가운데 적잖이 마음고생을 한 일들이 몇 차례 있었기에 집에 돌아와서는 휴식과 함께 이러 저러한 일들에 지친 아이의 마음을 말씀으로 위로하고 격려해야 할 필요를 저희 부부가 느끼고 있었습니다.

어렸을 때부터 갑작스런 천국과 지옥의 경험을 통해 주님을 만났던 허 은.

그와 비슷하게 어렸을 때 갑작스레 꿈을 통해 장차 일어날 일들을 비전으로 알게 된 요셉.

은이의 상황과 요셉의 상황이 한편으로는 비슷한 부분이 있어 성경에 나와 있는 인물인 요셉의 삶을 주제로 하여 자세하게 말씀을 공부하고 묵상하는 시간을 갖게 되었습니다. 하나님이 어떻게 요셉을 인도하였고 훈련하셨으며, 또 최종적으로는 어떻게 그를 축복하여 이스라엘을 위해 준비된 사람으로 사용하셨는지를 매일 말씀을 통해 함께 나누었습니다.

이런 말씀의 나눔들은 치앙마이에서 지내는 시간 동안 조금은 지쳐 있던 은이에게 큰 위로와 격려가 되었습니다. 비록 새로운 환경 속에서 어려움과 외로움, 그리고 때때로 눈물을 흘릴 수밖에 없는 아픔들이 있었지만, 그러한 과정을 통해서 주님께서 은이를 더욱더 영적으로 정서적으로 성숙시킬 것을 기대하며 주님을 더욱 신뢰하고 감사하는 삶을 살자고, 또 더 아름다운 사람으로 성숙해 나가자고 그렇게 서로를 위로하고 격려하며 말씀을 나누었습니다.

집에서 우리 부부와 같이 홈스쿨링을 할 때는 막내아이처럼 마냥 철없던 모습들이 치앙마이의 6개월의 시간을 통해서 어느덧 조금씩 정서적으로 신앙적으로 성숙해 가는 변화들을 어렵지 않게 감지할 수 있었습니다. 비록 온전한 성숙은 아니지만 이제 어린 막내 아이의 티는 벗어나 십 대 초반의 여자아이로 조금씩 자라나는 것을 볼 수가 있었습니다.

그렇게 약 2주간의 말씀 나눔을 마치고 다시 새로운

2학기를 시작하기 위해 치앙마이에 올라간 은이가 학기를 시작하자마자 간혹 사용하던 페이스북Facebook에 마지막으로 남긴 글귀는 다음과 같았습니다.

'나는 더 좋은 사람이 될 꺼야. 나는 오직 하나님만을 신뢰할 거야.'
I wanna be a better person. I only trust God.

천국에 갈 때까지 자신의 마음을 새롭게 하여 주님만을 의지하기를 원했던 아이.
그렇게 주님만을 신뢰하도록 사랑하는 은이를 친히 준비시키신 하나님.

그 페이스북의 글귀가 이 땅에서의 마지막 흔적이었지만, 그 글을 통해서 치앙마이에 홀로 떨어져서 공부해야 하는 은이의 마음에는 앞으로의 삶에 대한 적잖은 결단이 있었다는 흔적을 어렵지 않게 찾을 수 있었습니다.

비록 주변에 친구들이 많이 없어도, 또 그 가운데서 심리적으로 육체적으로 어려움과 역경을 만나도 하나님이 기뻐하는 더 나은 사람이 되는 것.

아울러 어떠한 환경 가운데서도 하나님 한 분만을 더 의뢰하고 신뢰하는 것.

어쩌면 예수님을 믿는 모든 그리스도인의 최종적인 고백이 바로 이런 고백들이 아닐까 생각해 봅니다. 주님 보시기에 더욱더 아름답고 거룩한 삶을 위해 변화되는 것, 그리고 어떠한 어려움과 역경들 속에서도 하나님만을 더 신뢰하는 것을 배우는 삶. 그것이 우리에게 원하는 하나님 아버지의 마음이 아닌가를 생각해보니, 은이의 그 짧은 마지막의 고백은 단지 허은 자신만을 위한 고백이 아니라, 이 땅을 사는 우리 모두의 고백이 되어야 한다는 교훈을 얻게 되었습니다.

비록 어린 나이였지만 은이의 페이스북에 남긴 마지막 글은 아빠 엄마인 우리 부부에게는 심금을 울리는 아름다운 고백이었음을 인해 감사합니다.

7. 작별을 고하다

은이의 장례식이 태국의 작은 도시인 딱Tak에서 마무리 되었던 목요일, 은이가 다녔던 그레이스 국제학교에서는 바로 그 목요일 밤에 은이의 죽음을 애도하는 추모 예배가 학교 주관으로 열리게 되었습니다. 깜펭펫 Kamphengphet에서 진행되었던 장례식 기간 동안 직접 장례식에 참석할 수 없었던 학생들과 선생님들을 위해 학교 중앙 홀에 테이블을 준비해 놓고서 은이를 평소에 알고 지냈던 언니 오빠와 친구들 그리고 학교 선생님들이 은이를 향한 마지막 인사를 메모지나 노트에 기록하는 기회를 제공하였습니다. 그렇게 기록된 메모를 학교 관계자분께서 학교를 방문한 우리에게 전해 주었는데, 그 많은 메모의 일부분을 함께 나누길 원합니다.

사랑하는 우리 이쁜이 엘렌,
너는 나에게 큰 축복이었어.
내가 너를 만나서 너를 알게 된 것은 큰 감사였어.
내 삶에 한 부분이 되어 줘서 너무나 고마워.
우리가 다시 만날 때까지 너는 항상 내 마음에 있을 거야.
언니 볼 때마다 방방 뛰면서 반겨주고 달려와 주고
손잡아 주고 꼭 안아줘서 고마워.

엘렌.
우리 이쁜이 많이 보고 싶고 그리울 거야.
같이 하고 싶은 게 많았는데….
콜드스톤Coldstone 쿠폰 생긴 거 써먹으러 페스티벌 가기
네일 아트 받기
맛있는 뒷골목 볶음밥 집에서 밥 얻어 먹어 보기
스타벅스에서 엘렌만의 스페셜 폴 라떼 마시기
아이들 가르쳐 줄 워십 안무 가르쳐 주기
생일파티 하기
힝~ 하나님이 엘렌을 너무~ 사랑하셨나 보다.

나중에 만나면 그동안 만들어 놓은 안무 다 보여줘...
우리 동생한테서 배우고 받은 게 너무 많아.
언니가 받은 사랑, 더 많은 동생들한테
계속 나누어 줄게.
삶에 대해서 다시 한번 돌아보고
생각할 수 있는 기회 줘서 고마워.
언니 힘내서 하나님 더욱 꽉 붙들고 보내신 곳에서
치열하게 싸우다가 갈게.
언니 잘 지켜 봐줘.
언니에게 특별한 선물이 되어 주어 고마워.
다시 만날 때도 늘 하던 것처럼
똑같이 반겨 주기...우리 이쁜이.
언니가 많이 사랑해.

M언니가

사랑하는 엘렌,
너는 내 삶의 햇빛이었어.
넌 항상 풍성한 격려와 사랑의 마음을 지니고 있었지.

내가 이 말을 좀 더 일찍 했어야 했는데...
사·랑·해.
너는 항상 많은 사람을 평안하게 하기위해
크게 포옹해 주었지.
내가 기분 나쁜 우울한 날들을 만났을 때,
넌 나를 어떻게 미소 짓게 만드는지 알고 있었어.
난 여전히 우리가 처음 만나서 서로를 소개하고,
학교 스케줄을 서로 나누었던 그때를 기억해.
난 2018년이 네가 원하는 대로 너의 삶에
많은 변화가 있는 시간이 되길 바랐지.
네 주위에 있는 사람들에게 나누어 준
너의 축복과 사랑에 정말 고마워.
네가 너 자신으로 있어 준 것이 고마워.
엘렌
사랑해.
너의 삶은 나에게 큰 울림을 주었단다.
사랑해.

A가

사랑하는 엘렌,
이번 주 도서관은 어두움만 가득한 곳이 되어 버렸단다.
바로 네가 없기 때문이란다.
지난 일요일 네가 떠난 후에,
아름다운 빛이 우리의 서재를 떠나 버렸단다.
네가 가지고 있던 그 기쁨과 열린 마음에
진심으로 고마워.
너의 친절한 말들, 너의 질문들, 너의 꿈들
그리고 너의 웃음을 정말 사랑했단다.
네가 자라서 너의 꿈을 이루는 것을 보고 싶었어.
네가 도서관에서 책 고르는 일을 도와주거나,
'도서관에서는 조용해야 해'라고 말하고 싶구나.
이제 네가 가장 완전하신 주님의
그 완전한 팔에 안겨 있는 것을 알아.
네가 거기서 나의 어릴 적 가장 친한 친구였던
조니Jonny를 만나기를 바래.
그도 너와 같은 나이였단다.
그가 너에게

얼마나 우리가 재미있고 아름다운 친구였는지
나눌 수 있길 바래본단다.
그렇지만,
난 네가 여전히 여기에 있기를
더욱더 바래 본단다.
너의 삶이 이렇게 일찍 끝나버린 것이
공평하게 보이진 않지만,
그렇지만
확신하건데
넌 크고 새롭고 완전한 관점을 가지게 되었을꺼야.
넌 너의 이야기와 웃음 그리고 미소로
나를 축복했었단다.
네가 자유롭게 너의 삶에 대해서 이야기해 준 것이
무척이나 고마워.
너에게 이 모든 것을 개인적으로 말할 수 있기를 바래.
언젠가는 꼭 말하게 될 거야.

Dear Ellen,
The library is a dark place this week.
You aren't there.
After your death on Sunday,

a beautiful light left our book space.
Thank you for the joy and open spirit you brought.
I loved your kind words, your random questions,
your dreams, your laughter.
I wish I could watch you grow up
and achieve your dreams.
I wish I could help you pick out another book,
or tell you to be quiet in the library.
I know you are now in the perfect arms
of our perfect Savior,
and I hope you get to meet
my young best friend Jonny.
He was your age.
He could tell you stories about our silly,
beautiful friendship. But I wish you were here.
It doesn't seem fair your life ended so soon —
but you,
I'm sure, have A HUGE, PERFECT perspective on that.
You blessed me with your words,
laughter,
and smile.

Thank you for sharing your life freely.
I wish I'd told you this all in person.
I'll tell you someday.

Your sad- for now
Mr. S.
슬픔을 전하며 S.

온 가족이 선교사로 와서 처음 몇 달간 치앙마이에서 살기 시작할 때, 많은 선교사가 거주하고 있는 월드 클럽World Club내의 선교사를 위한 게스트하우스에 며칠 머물게 되었는데, 은이가 마지막으로 치앙마이에서 천국의 부르심을 받게 되었던 곳도 놀랍게도 바로 그 게스트하우스 자신의 방이었습니다. 그곳에서 은이를 마지막으로 보았던 S선교사님이 허은이의 비보를 듣고서 조그마한 글귀를 보내 왔습니다.

사랑하는 은이에게 이 땅에서 마지막 보내는 편지

넌 언제나 이렇게 말했었지.

내가 너를 처음 봤을 때도
내가 너를 마지막 보았을 때도.
넌 언제나,
'도와 드리고 싶다'고 말했어.
치앙마이에 처음 왔을 때,
약간은 어눌한 한국말로
너의 예쁜 마음을 표현할 때마다
얼마나 사랑스럽고 예쁜 아이였는지….
그렇게 예쁜 마음을 가진 은이를
이 땅에서 다시 볼 수 없다는 이 사실이
믿어지지 않는 이 슬프고 아픈 현실 앞에…
우리는 그저 어찌해야 할지 모르고 있단다.
은아!
사랑스런 아이 은이야…
네가 간 천국은
이 땅보다 훨씬 좋은 곳이라는 것에 위로를 받는다.
네가 고생하고 힘들어했던 천식도 없고,
고통 아픔 슬픔이 없는 곳에서
너와 엄마 아빠 그리고 온 가족이 사랑하는 하나님
우리 모두가 사랑하는 하나님과 함께 있을
너를 생각하면

이 슬픈 마음이 조금 위로를 얻는다.
네가 주님 계신 천국에 있는 것을 아는데도
이 땅에서의 헤어짐은
왜 이리도 가슴 아프고 슬픈지…
우리 이제 머지않은 시간에
다시 그곳에서 만나자꾸나…
주님 부르시는 그 날에…
그래서 이 땅에서 다 나누지 못한 말들도…
주님이 왜 그렇게 일찍 사랑하는
너를 데리고 가셨는지도
물어보고 싶구나.
은이야!
사랑한다…
보고싶다…
그리고
미안하다…
네가 천식으로 그렇게 힘든지 모르고
기도하지 못해서 정말 미안하다…
잘 가
은이야…
곧 다시 만나자.
이 땅에서보다 더 반가운 모습으로…

사랑한다
사랑한다
사랑한다
예쁜 은이...

S 선교사님이

평소 미국에서 저희 가정을 위해 중보 하며 협력하고 있는 가정이 있습니다. 미국에 있는 그 귀한 믿음의 동역자들도 은이를 기억하며 또 저희 부부를 위로하기 위해 보내온 편지가 있었습니다.

얼마나 마음이 아프세요.
저도 이렇게 가슴이 텅 빈 것처럼 아린데요.
사랑스럽고 밝은 은이가 얼마나 보고 싶은지요.
그래도 집에 돌아오는 지하철에서
은이를 생각하고 있었는데,
은이가 저를 위로해 주는 것 같았습니다.
'아줌마,

저 하늘나라에 잘 있습니다.
슬퍼하지 마세요'
라고 말하는 것 같았습니다.
사랑하는 은이를
부활의 주님과 다시 만날 날을 소망으로
기다리겠습니다.
이해할 수 없는 슬픔 가운데 있는 두 분을
우리 주님의 초자연적인 평강으로 붙들어 주시길
기도하겠습니다.
저희가 도울 일이 있으면 말씀해 주세요.
자식을 잃은 슬픔보다
더 아픈 것은 없을 것 같습니다.
아들을 죽이셔서
우리를 구하신 하나님 아버지만이
허선교사님 부부를
위로하실 수 있을 것 같습니다.
딸을 묻는 그 땅에서
부디
대적의 문을 취하십시오.
사랑하는 은이의 죽음이 헛되지 않도록
그 땅의 영혼들을 더 사랑하십시오.

그 날에 태국 백성들이 흰옷을 입고
은이와 함께
또 선교사님 부부와 함께
주님과 함께
아버지 앞에
서실 날을 고대합니다.
저희도 은이를 가슴에 품고
태국과 두 분 선교사님을 위해
기도하겠습니다.
허 선교사님.
주님의 함께하심과 위로가 계속하길 바라며
계속 기도하겠습니다.
은이가 사랑하는 우리 주님과
더 좋은 곳에 있음을 믿고,
또 부활해서
우리 주님과 함께 다 같이 만날 날이
다가오기 때문에 좀 더 위로가 되고
소망이 되는 것 같습니다.
그렇게 하겠습니다.
하나님 나라에서 만날
사랑하는 딸 은이를 생각하며.

그날을 바라보며.
우리 주인이신 예수님과
그 땅을 밟으며
반드시
대적의 문을 취하도록
기도하겠습니다.
조선 땅에 자식들과 아내를 잃으면서도
복음을 전해 주었던
선교사님들의 희생과 사랑이
지금 우리를 있게 하셨으니,
우리도 여기서 포기하지 않고,
여전히 우상을 섬기며 음란한 고멜과 같은 그 땅을
사랑하도록
기도하겠습니다.
선교가 적당히 헌신해서 되는 것이 아니고
생명을 바치는 실제이며,
영적 싸움인 것을
피부로 느끼게 합니다.
대충 기도하면 안되고
생명을 걸고 기도해야
영혼을 얻을 수 있구나

생각합니다.
은이를 생각하면
이제 생명을 걸고
기도할 수 있을 것 같습니다.
두 분 선교사님.
주님 오실 때
은이도 데려오실 테니,
주님 오실 날 기다리며,
주님 오실 길을 준비하는
저희들이 되길
기도합니다.

매년 5월 말경에 그레이스 국제학교에서는 밴드부와 합창단이 그동안 열심히 준비한 노래와 음악 밴드 등을 발표하는 시간을 가지고 있습니다. 은이가 세상을 떠난 후 이곳에서 합창단을 준비시키시는 팀 콕킹Tim Cocking 선생님이 친히 은이를 기억하며 은이를 위한 추모곡을 작사 작곡했습니다. 이 곡을 학교 콘서트 발표회 때 샹송팀이 은이를 생각하며 함께 노래를 불렀습니다.

모두 여전히 서 있네
허은을 기억하며

때로 우리는 구부러지고 때로 우린 깨어지고
우리가 심지 않은 것을 거두기도 한다네
결국 우리 모두는 깨어지기 쉽다네
먼지에서 왔으니 먼지로 돌아갈 거야

너무 많은 것들이 말없이 남겨졌네
네가 얼마나 강했는지 또 담대했는지
이제 내가 원하는 것은
네가 부르는 또 하나의 노래를
잠시나마 듣기 원하는 거야

너의 눈이 잠잠한 곳에
모두 여전히 서 있네
너의 얼굴이 고요함 곳에
아무것도 움직이지 않네

온종일 시간은 흐르지만
너는 젊어 더이상 죽지 않을 거야
난 이 좁은 공간에서
고개를 돌려 멀리 바라본다
너의 속삭이는 목소리 가운데
모두 여전히 서 있네
너의 잔잔한 얼굴 가운데
아무것도 움직이지 않네

어두움이 변하고 눈물이 그쳤을 때
우리는 다시 한번 더 빛을 볼 수 있겠지
어떨 땐 부서지고 또 어떨 땐 구푸려진 후
깨어진 조각들이 다시 모여졌을 때

잔잔한 공간에
모두 여전히 서 있네

All Stands Still

In memory of Ellen Her

Sometime we bend, sometime we break
We harvest what we did not sow
We all are fragile in the end
And made of dust, to dust I'll go
So many things were left unsaid:
How you were strong and you were brave
Now all I want is one more song
A little while to hear you play

In the quiet of your eyes, all stands still
The stillness of your face, nothing will move

All of time flows through each day
But you are young and cannot die
I huddle in this little space
I turn my head and look away

The whisper of your voice, all stands still
The stillness of your face, nothing will move

When will we see the light once more
When dark has turned, when tears are dry?
Sometimes break but sometimes bend,
Pieced back together again

In the stillness of this space
All stands still

은이는 여기에 우리와 함께 있지 않고 떠났습니다. 그러나 그 아픔을 극복하는 것이 결코 쉽지 않습니다.

여전히 우리에게 주어진 삶은 살아야 하고 또 우리 주변의 모든 것들은 분주하게 움직이고 있지만, 우리 또한 주어진 공간에서 이 어려움과 아픔의 시간을 극복해야만 합니다. 한동안은 분주한 우리의 삶에 잠시 머물러 있는 것 같지만, 서서히 시간은 흘러가고 그 사이에 이런 아픔들은 극복되어질 것입니다. 이 어려움의 시간을 지혜롭게 극복하기 원하고 이미 떠난 사랑하는 은이를 기억하며 이 곡을 작사 작곡합니다.

번역하면서, 인생이란 여정은 나이가 들어 늙어짐과 동시에 결국은 죽음을 맞이함을 깨닫습니다. 이제는 잔잔함과 고요함의 천국에 있는 은이를 생각합니다. 마침 내 우리의 눈물이 그치고 어둠이 바뀌어 모든 것들이 빛 으로 변화되는 그 순간에 우리의 삶은 새로워지고, 모든 것은 아름답게 변하여 잔잔한 평화 속에 있을 것입니다. 은이가 지금은 이 땅에 없지만, 천국에서 은이가 다시 부를 노래 듣기를 간절히 사모하는 마음으로 이 곡을 나 누어봅니다.

　이 땅에 와서 어린 나이에 천국의 부름을 받은 은이 를 위해 마지막 시를 남깁니다.

작은 씨앗 하나가 이 땅에 심겨졌네
너무 너무 작아서 눈으로 볼수없네
마치 없는 것처럼 그렇게 여기왔네
생명 살릴 빛으로 주님이 받으시네

하늘 생명 아버지 그녀를 부르셨네
천사 함께 즐거이 천국을 여행했네
예수 사랑 만나고 지옥도 보았다네
생명 살릴 빛으로 주님이 받으시네

척박하고 거친 땅 복음을 들고 왔네
하늘 생명 나누러 여기에 드려졌네
어둔 땅에 빛으로 생명을 밝히셨네
생명 살릴 빛으로 주님이 받으시네

이제 씨앗 되어서 이 땅에 심겨졌네
씨앗 자라 열매로 또 다른 생명낳네
생명 이어 생명을 가득히 채우셨네
생명 살릴 빛으로 주님이 받으시네

8. 다시 너를 보기까지

　사랑하는 은이의 장례식을 마치고, 또 은이가 다니던 치앙마이의 그레이스 국제학교와 기숙사에 있던 은이의 마지막 유품들을 집에 가져와서 하나하나 정리하는 가운데, 은이의 손때가 묻었고 흔적이 남아 있던 여러 유품 중에 은이의 글씨로 적혀 있는 노트가 있었습니다. 그 노트에는 유난히도 '사랑한다'라는 글귀가 많이 기록되어 있었습니다.

　은이 나이 네다섯 살, 어느 따스한 봄날 할머니와 같이 뉴욕에 있는 집 근처 동네의 한적한 길을 걷다가 간혹 할머니가 주변 화단에 싱그럽게 피어 있는 꽃을 보며

　"야! 이 꽃 너무 예쁘다!"

　라고 하시면 즉시로,

　"할머니! 나는? 할머니! 내가 예뻐, 아님 이 꽃이 예뻐?"

　라고 물으며 마치 세상에서 자기가 가장 예쁜 아이인

것처럼 샘을 많이 내었던 아이.

할머니뿐만 아니라 온 가족으로부터 무척이나 사랑을 많이 받던 아이였던 은이는, 어느 순간부터 서서히 다른 사람을 향해 '사랑한다'라는 말을 많이 하기 시작하였습니다.

사람들로부터 사랑받기를 좋아하고
더불어 포옹하기hug를 무척이나 좋아했던 아이.
그렇기에 자기가 받은 사랑만큼이나 다른 사람들에게
사랑한다고 자주자주 고백하던 아이.
누군가로부터 사랑한다는 말을 들었을 때는
무척이나 행복해하며 얼굴에 함박웃음을 지었던
순수한 아이.
이젠 우리 곁을 떠나
그가 그토록 다시 보고 싶어 했던
사랑하는 주님으로부터
한없는 사랑을 받고 있을 아이.
그 아이가 그립습니다.
은이와 함께 했던 지난 시간들의 흔적들을 들추어 보면, 우리도 모르게 눈에서는 눈물이 주르르 흐르고 있습니다.
그러나 그렇게 한없이 슬퍼할 수만은 없습니다.

주님이 말씀하신 것처럼, 주님께서 은이를 이 땅에 있는 예수님을 모르고 죽어가는 수많은 영혼을 위한 천국의 씨앗으로 심으셨음을 믿기에, 장차 사랑하는 주님과 은이를 기쁨으로 다시 만났을 때 우리에게 허락하신 천국의 열매를 한 아름 안고 그분께 나아가기를 소망합니다. 이 소중한 일을 위해 부족한 저희 가정을 이 땅으로 부르시고 일하게 하셨으며 더불어 이 귀한 일을 위해 은이를 천국으로 인도하신 주님께 부끄럽지 않기 위해 우리의 남은 시간과 열정들을 이 땅의 영혼들을 섬기는데 드리기를 소망합니다.

에필로그

　은이가 아홉 살 때 이런 놀랍고 감사한 영적인 체험을 했다는 것을, 우리 가족은 미국에서 목회할 동안에는 전혀 알지도 듣지도 못했습니다. 은이는 이런 영적인 체험이 크게 자랑할 만큼 대단한 것이라고 또는 자신에게만 주어진 아주 특별한 일이라고는 전혀 생각하지 않았던 것 같습니다. 그저 그리스도인이라면 누구나 다 체험하고 알고 있는 그런 것이라고 스스로 생각하였기에 우리 가족 누구에게도 말하지 않았던 것입니다.

　태국에 온 가족이 선교사로 와서 매일 아침마다 함께 말씀을 묵상하며 서로 나누는 시간을 가지는 중에 조금씩 자신의 체험을 이야기하는 것을 들었습니다. 처음에는 긴가민가 하였지만, 은이가 체험한 천국의 내용을 자세히 들어보니, 상당히 많은 부분들이 이미 성경에 기록되어 있고, 또 그 내용들이 너무나도 구체적이고 사실적이어서 그냥 쉽게 지나쳐 버릴 수 있는 것은 아니라고 생각이 되었습니다.

물론 은이가 보았던 천국과 지옥의 모습들이 모두 100% 확실하게 묘사된 것이라고는 생각지 않습니다. 더불어 그 내용들이 모두 성경에 있는 정확한 내용이라고는 말할 수 없음을 인정합니다. 이 세상의 그 어떤 사람도 천국의 주인이신 예수님을 제외하고는 천국을 온전히 정확하게 다 묘사할 수는 없기 때문입니다. 또한 은이가 들려준 천국에 대한 수많은 내용을 신학적으로 일일이 증명하기는 어려울 수 있습니다. 또 다른 많은 분이 경험한 천국의 내용들과 많이 달라서 이견을 보일 수도 있습니다. 그렇기에 이 책의 많은 내용은 천국에 대한 토론이나 논쟁을 위한 것이 아닌 것을 분명히 밝혀 둡니다. 은이가 보았던 수많은 내용은 천국의 지극히 단편적인 모습이지만, 다만 이 내용을 많은 사람과 함께 나누면서 장차 예수님을 믿는 모든 사람이 갈 천국을 간절히 사모할 수 있도록 돕는 조그마한 통로로 사용되기를 바랄 뿐입니다.

기도하는 중에 주님께서 은이의 천국 체험을 다른 이들과 함께 나누기를 원하심을 알게 되었습니다. 다만 많은 사람이 쉽게 생각하고 있는 것처럼 그저 상상만으로 막연히 알고 있는 천국과 지옥은 보통 사람들의 생각과는 달리 실제로 너무 분명하게 존재하고, 그렇기에 모든 사람이 예수님을 통해 그 천국에 들어가기를 소망하는 마음입니다.

비록 이 땅에서 힘들고 어려운 삶을 살더라도 우리에게 있는 천국을 소망하고 기대하며 살 때 그리고 속히 다시 오시겠다는 예수님의 그 약속을 믿고 사는 우리에게 이러한 천국 간증이 신앙 공동체에 조그마한 유익을 끼칠 수 있다면 그저 감사할 뿐입니다.

한 걸음 더 나아가 이 간증을 읽고 믿지 않는 분들 중에, 다만 한두 명이라도 천국과 지옥의 구체적인 실제를 깨닫고 예수님께 돌아온다면 정말 감사할 뿐입니다. 비록 선교지에서 예수 그리스도의 복음을 들고 선교사라는 신분으로 와서 이 태국 땅의 영혼들을 섬기고 있지만, 은이가 체험한 놀라운 천국과 지옥의 간증은 다시 한번 더 저희 부부를 부르신 주님의 부르심이 얼마나 소중하고 의미 있는 것인지를 생각하게 합니다.

선교사로서 우리가 달려가고 있는 이 길이, 그냥 막연한 허상을 좇는 헛된 것이 아니라 분명히 존재하고 실재하고 있는 너무나도 확실한 천국과 지옥을 태국 땅의 수

많은 영혼에게 참 진리라고 전해야만 하는 너무나도 중요한 사역이라는 확신이 있습니다.

선교사로서의 저희뿐만 아니라, 이 책을 읽고 계시는 여러분이 그리스도인이라면, 이 놀라운 천국과 지옥의 실재를 가까운 주변에 예수 그리스도가 없어서 지옥으로 걸어가고 있는 수많은 사람에게 간곡하게, 그리고 열정적으로 전할 수 있기를 바랍니다. 바로 그것이 이 땅에서 우리 그리스도인이 존재하는 목적이자 이유이기 때문입니다.

천국과 지옥의 경험에 대한 간증을 아빠와 함께 나눈 후에 우리 가정은 태국 내의 또 다른 지역으로 선교지를 옮겨야 했습니다. 약 2년 반 정도를 시골 지역에서 혼자 홈스쿨링을 해야만 했던 은이는 우리가 머물러 있는 선교지에서 약 다섯 시간 반 정도 떨어진, 선교사 자녀들을 위한 학교인 그레이스 국제학교 Grace International School에서 8학년을 공부하기 위해 홀로 기숙사로 들어갔습니다.

그곳에서 8학년 한 학기를 마친 후, 은이의 열네 번째 생일을 한 주 앞두고, 아빠 엄마가 보는 앞에서 그가 그토록 사랑하고 다시 보고 싶어 하던 예수님의 품에 안

겼습니다.

  아홉 살 나이에 갑작스럽게 천국과 지옥을 보여 주시기 위해 아이를 부르신 주님은, 이 땅에서 또한 갑작스럽게 사랑하는 아이를 데리고 가셨습니다.

늘 밝고 맑게 웃던 아이.
언제나 만나는 모든 이들에게 행복한 웃음을 나누었던 해피 바이러스 Happy Virus 같았던 아이.
항상 열정적인 에너지가 넘치던 아이.
그렇게도 댄스를 좋아했던 아이.

  은이가 천국에서 보았던 많은 사람 중 한 분이셨던, 태국 최초의 선교사의 그 아름답고 귀한 헌신을 기억하며, 은이 역시 태국 중북부의 딱Tak에 잠들어 있습니다.
  태국을 위한 천국의 씨앗이 되기 위해.
  비록 어린 나이로 이 세상의 많은 사랑하는 이들과 작별하였지만, 그녀의 죽음이 헛되지 않기 위해 이렇게 글로나마 천국과 지옥을 그리고 예수님을 더욱더 알리는 그 일에 이 조그마한 간증이 사용되기를 기도합니다.
  이제 은이는 이 세상에 더이상 없지만, 사랑하는 아이를 기념하며 이 글을 남깁니다.

내가 진실로 속히 가리라
Surely I will come quickly.

아멘 주 예수여, 오시옵소서
A men. Even so, Come, Lord Jesus.

지은이 소개
허수성 선교사

허수성Soosung Her 선교사는 젊은 시절 제자선교회 D.C.F. 에서 훈련을 받고 간사로 섬겼다. 총신대학교 신학대학원 졸업 후 목사 안수(예장 합동)를 받고, 한국과 미국에서 목회를 하던 중, 선교사로 부름을 받았다. 현재 WEC Thailand 소속 선교사로 태국 중북부 지역에서 사역하고 있다. 지난 190여 년의 복음 역사에도 불구하고, 현재까지도 복음화율이 1%도 채 되지 않는 미전도종족으로 불리는 태국 땅에서 교회 개척과 차세대 지도자 양성 등을 통해 천국의 확장을 위해 수고하고 있다. 함께 동역하고 있는 아내 허인영 선교사와 슬하에 린과 은 두 딸이 있다. 큰 딸 린Rin은 현재 미국에서 대학교를 다니고 있다. 둘째 딸 은 Ellen Eun은 2018년 13세의 어린 나이로 천국의 씨앗이 되어 태국의 딱Tak지역에 잠들어있다.

이메일 tccofhs@yahoo.com